现代日语教学的理论与方法研究

张 颖 ◎著

吉林人民出版社

图书在版编目（CIP）数据

现代日语教学的理论与方法研究 / 张颖著. -- 长春：吉林人民出版社，2023.11

ISBN 978-7-206-20318-3

Ⅰ. ①现… Ⅱ. ①张… Ⅲ. ①日语-教学研究 Ⅳ. ①H369.3

中国国家版本馆 CIP 数据核字（2023）第 194577 号

现代日语教学的理论与方法研究
XIANDAI RIYU JIAOXUE DE LILUN YU FANGFA YANJIU

著　　者：张　颖　　　　　　封面设计：吕冠超
责任编辑：门雄甲
吉林人民出版社出版发行（长春市人民大街 7548 号　邮政编码：130022）
印　　刷：唐山唐文印刷有限公司
开　　本：787mm×1092mm　　1/16
印　　张：11　　　　　　　字　　数：200 千字
标准书号：ISBN ISBN 978-7-206-20318-3
版　　次：2024 年 1 月第 1 版　　印　　次：2024 年 1 月第 1 次印刷
定　　价：58.00 元

如发现印装质量问题，影响阅读，请与印刷厂联系调换。

PREFACE 前　言

随着我国经济的不断发展，对日交流日益频繁，日语不仅仅作为一种交流工具，更是用来了解日本节化和学习日本的先进科学技术的必要手段，因此许多高校也增设了日语课程。但由于大部分学生基础知识不扎实、学习热情不高、缺乏钻研精神和积极的学习动机，学习目标不明确等现状，导致日语课堂学习效率低下。所以，在日语课堂教学上，如何提高学生的学习效率则是教师亟待解决的问题。随着我国与日本贸易往来的增加，很多企业对日语人才的需求也越来越大，在高校也增设了日语课程。"高效课堂"现在已经成为很多教师在课堂上追求的目标。即，教师在有限的时间内，用最少的精力和物力的投入，能达到尽可能好的教学效果。高效的课堂教学需要教师、学生的共同努力。

在进行日语教学中，存在一种相对普遍的问题，即重视知识的灌输，却忽视了语言能力的培养。当教师以不正确的态度来看待日语的教学，认为日语不是主流语言，因此，在日语教学态度上出现了误差，同时为了应付教学要求，不明白语言能力的培养同样重，也没有达到日语教育的要求。部分日语教师认为学习日语的表达能力要从单词词汇的记忆开始，所以从单词的发音，含义到运用都是逐步进行教学，但是也存在着割接了各个环节之间内容都连贯性和连接性，只求学生根据教师的教学步调走，将教学重点倾向于某一方面，让学生的内容无法很好地连接起来，知识结构松散。虽然日语有很多知识点来源于教材，教师对日语的涉猎还不够深入，但是日语课堂不能局限于利用板书，口头讲解来进行单一的教学，不仅会影响学生对学习兴趣和课堂效率，还无法使学生在日语学习中加深思考，感受到日语学习的意义。

为了提升本书的学术性与严谨性，在撰写过程中，笔者参阅了大量的文献资料，引用了诸多专家学者的研究成果，因篇幅有限，不能一一列举，在此一并表示最诚挚的感谢。由于时间仓促，加之笔者水平有限，在撰写过程中难免出现不足的地方，希望各位读者不吝赐教，提出宝贵的意见，以便笔者在今后的学习中加以改进。

CONTENTS 目 录

第一章　现代日语教学概述	1
第一节　日语教学的目标分析	1
第二节　日语教学的基本原则	9
第三节　日语教学法的内涵解读	21
第二章　现代日语教学的相关理论	29
第一节　认知语言学理论	29
第二节　认知负荷理论	38
第三节　建构主义理论	47
第四节　语用学理论	54
第五节　元认知理论	58
第三章　现代日语教学内容	66
第一节　日语教学内容的概念和分类	66
第二节　日语教学内容的选择	70
第三节　日语教科书的定位及其他教学资源	78
第四章　现代日语教学的方法	85
第一节　直接法和翻译法	85
第二节　情境式教学法	95
第三节　小组合作学习法	106
第四节　任务型教学法	116
第五节　翻转课堂教学法	122

第五章　跨文化日语教学基础理论研究 …………………………………… 133
第一节　跨文化学习的心理本质 ………………………………… 133
第二节　跨文化交际中的共有文化和共有经验 ………………… 138
第三节　跨文化背景下的日语教学模式构建 …………………… 142

第六章　基于跨文化的交际日语教学实践研究 …………………………… 149
第一节　交际日语与教学策略分析 ……………………………… 149
第二节　影响交际日语教学的要素分析 ………………………… 154
第三节　交际日语的口语教学研究 ……………………………… 158
第四节　交际日语的词汇教学分析 ……………………………… 161
第五节　交际日语与教学评估 …………………………………… 165

参考文献 ……………………………………………………………………… 170

第一章 现代日语教学概述

第一节 日语教学的目标分析

任何一种教学活动都是在一定的目标体系指引下进行的。日语教学论对日语教学的内容体系做了明确规定，但是内容教学还是以知识和技能为根本。

按照现代教育观念的要求，在学科教学中不仅要获取知识，掌握技能，还要从人的综合素质提高的角度，对日语教学提出相应的能力目标。在教学的过程中，教师要关注培养学生的各种能力，促进日语知识与技能的掌握，从而促进学习者综合能力素质的提高。下面从内容目标与能力目标两个层面来揭示日语教学的目标体系。

一、日语教学的内容目标分析

目前我国的日语教育是以社会力量办学和大中专院校的日语教育为中心开展的，基础教育中的日语教学不占据日语教育的主导地位。而在大中专院校的日语教育（包括日语专业）中，由于"零起点"学习者居多，专业的日语教育是从基础阶段教学和高级阶段教学两个层面开展的。

高等院校日语专业课的教学要求，由于受学校性质、学科培养目标等的限制，对专业课、必修课、选修课都有自己的特色。不同的学科，不同的课程，不同的开设时间，不同的周学时数，各学年教学要求的制定也有所差异。总之，参考我国各级各类的日语教学纲要以及国际日语能力考试对于不同级别考试的要求，将日语语言和技能教学目标、要求按照基础阶段与高级阶段简单地归纳如下。

（一）基础阶段教学的内容目标

大学一、二年级的日语教学内容标准主要针对大学日语专业（零起点）一、二年级的教学，以及社会力量办学中的最初一两年内的日语教学。

日语专业基础阶段的教学基本要求如下。

1. 知识教学的目标分析

（1）学年教学要保证不低于500学时，两年内学生应该掌握现代日语语音、语法、词汇的基本知识，具备听、说、读、写日语的基本技能；能够在所学语言材料范围内正确、熟练地运用日语进行口头、笔头交际，为进一步学习日语打下坚实的基础。

（2）掌握日语语音的基础知识，朗读或说日语时，发音、语调基本正确，合乎规范，没有明显的语音错误。

（3）掌握日语基础语法，概念清楚，对日语语法中的主要项目、难点理解透彻，在语言实践中能够正确运用，无大错误，不影响交际。

（4）接触日语单词8000个左右，基本句型250个以上，惯用词组200个以上，其中积极掌握的应不少于一半。

2. 语言技能教学目标分析

（1）在听方面，能听懂日本人一般性的讲话，听懂难易程度与所学课文接近的各种文章的录音。其中生词不超过3%，没有生疏的语法现象。

（2）在说方面，能较流利地进行日常生活会话，能与日本人进行一般交际性和事务性交谈，能在已学过的题材范围内进行3分钟以上的连贯性发言，无明显的用词与语法错误。

（3）在读方面，能朗读生词不超过3%、没有新的语法现象的各种题材的文章，要求读音正确，面带表情。能不借助词典快速阅读难易程度与所学课文接近的文章，内容理解确切，并能口头用日语叙述大意。能借助词典阅读非专业性的一般日文报刊。

（4）在写方面，能记述和改写听懂和读懂的文章，能在两小时内写出600字以上的应用文、记叙文，文理通顺，语法、用词基本正确。

（二）高年级阶段教学的内容目标

日语专业三、四年级的教学内容是一、二年级日语的教学延伸，与初级阶段的教学联系起来，在进一步练好听、说、读、写、译等基础技能的基础上，开阔眼界，拓展知识，学习有关日本节化、文学等方面的内容。参考《高等院校日语专业高年级阶段教学大纲》，对这一阶段日语教学提出以下要求。

1. 知识结构目标分析

按照高等院校日语专业高年级阶段教学大纲的要求，高级阶段的日语教学从语言知识教学转入语言理论、与语言相关的专业知识和理论的教学，需要结合专业选择教学重点和内容。因此课程的具体设置由各学校根据培养目标适当掌握，大纲只是对课程的目标本身做了详细的规定。

2. 语言技能教学目标分析

高等院校日语专业高年级阶段教学大纲对于语言技能的培养目标也做了明确规定，从听、说、读、写、译几个方面提出了具体要求。

（1）听的内容目标。

第一，能够听得懂日本人用标准的汉语说的话，反应迅速，理解，并且能够重复所说的要点。

第二，电视节目，现场采访，以及日本人的方言，都能让你在听完之后，了解到故事的主旨和重点。

（2）说的内容目标

第一，能用日语表达自己的思想和感情，能和日本人进行交流。

第二，在准备时间较短的情况下，能够用日语进行即兴演讲或发表自己的学术见解，能够就所熟知的话题进行讨论和辩论，并提出自己的看法。

第三，日语发音语调正确自然，表达通顺，不存在明显的语法错误，不会影响阅读的内容。

第四，能够根据不同的场合和对象，正确地选择不同的语言，特别是在词语的贬贬、敬语的使用以及语气和色彩的掌握上。

（3）读的内容目标。

第一，除专业技术资料外，日本的文章几乎没有生词，只有最新的外来语、流行语和个别生词。

第二，能够阅读一般的日语文字，能够领会作品的主旨和意蕴。

第三，能够对文章的主要内容进行归纳总结。

第四，能够独立地对文章的思想观点、结构、语言技巧和风格的修饰进行分析。

第五，对经典著作，如古文，和歌，排句，通过工具书、参考注释，可以理解其本质。

（4）写的内容目标。

第一，能够用日语书写格式标准，语法基本正确，内容清晰的信件或调研报告。

第二，能够撰写丰富的说明文，议论文，文章有一定的广度和深度。

第三，在思想准备充分的情况下，写作速度可以达到 600-700 字/小时，没有明显的语法错误，用词得当，使用简敬体。

（5）译的内容目标。

第一，在口译过程中，能够不做任何准备就完成日常的翻译工作；具备政治、经济、文化等方面的翻译能力；忠实原文，语言流利，能够区分各种语感和说话人的心理状态。

第二，能够在笔译过程中，将各种以日语书写的文章、书籍进行翻译；通过工具书和注解，可以对普通的日文古代文字进行翻译。

第三，在汉译日期间，可译出与《人民日报》社论水平相近的文章，一小时内可译出400至500个单词（相当于1000个日文的印刷符号）。

第四，在翻译中文的时候，一小时可以翻译五百到六百个单词。文学作品的译文，其意旨和风格与原作基本一致，重要内容正确。

3. 实践教学目标分析

日语专业的高级课程也包含了毕业设计、毕业实践等方面的内容。毕业论文的编写，主要是为了提高学生的写作水平，提高他们的思维、分析和解决问题的能力。毕业考试合格者可以撰写论文。论文的选题要在所学课程范围内；论文中要有自己独特的见解；引用观点等要注明出处；字数在6000~8000字。

毕业实习的目的在于将理论知识运用于实际工作中，以弥补课堂上的缺陷，加强知识的积累，培养他们的动手能力，为将来步入社会作好准备。

随着高等教育人才培养质量与规格的改革不断深入，社会对外语人才的需求从研究型转向实践型。为适应社会对外语人才的需求，各高校也在实习实践课程计划、课程类型、课时量、模式、评价体制等方面做了积极的探索，增添了如见习、顶岗实习、海外实践、社会实践等新的模式。

有的高校日语专业提出了赴日本半年海外实习的计划；还有的高校把日语专业实习实践时间从过去的6周延长到4个月，把这些实习、见习的课程设置在大三和大四的各个学期，分阶段、分目标为学生创造接触社会的机会，搭建语言实践平台。对学生的实习、见习的成绩评定主要从工作态度、业务水平、工作成绩、实习或社会实践报告几方面考核，由实习岗位指导教师和学校的带队教师给出评价。

二、日语教学的能力培养目标分析

（一）日语语言知识能力培养目标

语言是一个整体系统，语言结构的三要素——语音、词汇、语法，构成了日语知识教学的核心。语言理论知识的教学就是对语义的辨析、对语义概念的解读、对语言规则的介绍和使用方法的训练。

1. 语音能力培养目标

日语语音能力培养主要是指培养学生有助于顺利掌握日语语音的所有能力。这个能力要素包括遗传生理的和后天培养的几个方面。

只针对一般正常学习者而言，其主要内容有：日语发音（音位）的辨音能力；能精确地重现日语的发音；对声音的控制；具备自动化言语动作熟练的能力；感知和再现日语语调的能力等。

2. 词汇能力培养目标

日语词汇能力培养目标主要包括：有助于学生生成对词汇的感性认识的形象记忆力（听觉、视觉和动觉的）；迅速而准确地区分近似词的能力；能够快速地理解新的概念；能够区分词语的意义；快速了解单词的特定（背景）含义的能力；识记各类日语短语，成语；在感知日语时迅速认知和理解词的能力；迅速找出必要的日语词来表达自己的思想的能力等。

3. 语法规则能力培养目标

日语语法规则的培养目标是：识别不同类型的词汇和句型；发现日语词汇结构及语法特点的能力；根据语法规则变化单词并将词汇连成句子的能力；迅速而准确地辨认和再现各种句法结构的能力；正确掌握词的一致性关系的能力；熟练地正写与正读的能力等。在修辞方面，要具备概括语体词汇和语法特点的能力；辨认和再现各种语体的能力。

（二）日语技能的能力目标

语言是用于交际的工具，人们通常采用听解、会话、阅读写作的方式进行交际，因此，外语教学论将"听、说、读、写"称为外语学习的四项基本技能（以下简称"四技"）。

技能是指身体各部分的灵巧动作或感官的敏锐程度。外语的"四技"训练，实际就是对我们应用外语时的口、眼、耳、手等感觉、听觉、视觉、触觉器官进行的外语适应或外语熟练的训练。在训练这些语言技能的同时，也会逐步提高各种言语能力。

1. 听解能力培养目标

听是获得日语知识和技能的源泉和手段之一。听解既是听觉器官的运动过程，也是一种复杂、紧张、富有创造性的智力活动，它要求听者在这种活动的过程中积极地进行感知、记忆、分析、归纳、综合等思维活动。因此，听力训练又是一种重要的智力训练。

根据听的心理特点，把听的能力概括为：快速、迅速捕捉和存储信息的能力，辨别各种语音的能力，适应日语语速的能力，长时间的听解能力，综合和概括的能力，判断力等。帮助学生了解听的心理特点，掌握提高听解能力的方法，是听力教学关于听解能力培养的目标。

2. 会话能力培养目标

会话又被称为"说"。会话是一种积极的言语活动，是不经分析和翻译，迅速用外语表达思想的一种技能。它不是简单地重复已经学习过的语言材料，而是创造性地组织已经学过的语言材料表达自己思想的一种行为方式。

会话能力是一种复用式言语能力，根据会话的特点，把会话能力概括为以下几个方面。

（1）自如地、创造性地运用已经学习过的语言材料表达思想的能力。

（2）注意力集中在会话的内容而不是语言表达形式的能力。

（3）敏捷思考和快速运用语言的能力。

（4）会话过程中的日语思维能力（或排除翻译的能力）；应对无主题对白的语言交际能力等。

帮助学生了解说的特点，掌握会话能力提高方法，是会话教学关于会话能力培养的目标。

3. 阅读能力培养目标

阅读是获得语言知识的重要手段之一，人们通过阅读可以实现间接言语交际。特别是在当今，由于信息技术和现代化网络架起了通信桥梁，网络在线阅读已经普及，获取日语阅读材料的条件比过去成熟许多，通过阅读获取日语知识已经成为一种重要的学习方式。阅读能力是培养其他言语能力的杠杆，所以，对阅读能力的培养也是外语学习的一项重要任务。

阅读能力是指感知、识别和理解语言材料的能力。具体包括：辨认词、词组、句子结构的能力；把握段落中心思想和作者思想发展趋势的能力；弄清句、段之间的关系和诸如指示代词的实际内容等方面的能力；对文章整体的综合理解的能力等。帮助学生了解读的心理特点，掌握阅读能力提高方法，是阅读教学关于阅读能力培养的目标。

4. 写作能力培养目标

写作是借助文字符号传递信息的语言活动或语言交际形式，是一种语言输出过程，也是重要的语言交际活动。随着网络的不断普及，网上交流日益频繁，日语应用写作从书信、公文、科学论文、文艺作品等领域扩展到网络信息交际等领域，增强了写作的应用性，对写作能力的要求也逐步提高。因此对写作能力的培养也是日语学习的一项重要任务。

写作能力包括：书面造句能力，搜集素材能力，书面语言的运用能力，捕捉灵感能力，构思能力，组织和形成思想的能力等。帮助学生了解写的特点，掌握写作能力提高方法，是写作教学关于写作能力的培养目标。

5. 翻译教学的目的

翻译是将一种语言的信息转化为另外一种语言的准确、流畅的过程。按译者在翻译过程中所表现出的文化态度，可将其分为"归化"和"异化"两大类；按照对译者的期望，可以将其划分为工具型和文献型两类；按其形式和意义，可将其划分为语义翻译和交流翻译；从译者对原文和译文的对比和观察来看，可将其分为两类：文学和语言学；按照翻译媒体的不同，可以分为口译、笔译、视译、同声传译、机器翻译、人机协作翻译、电话翻译等。因为以上分类仅包含了语音和符号两种语言，所以仅从口译和笔译两个方面进行论述。

(三) 日语情感教学的能力培养目标

达尼艾·格尔曼所著的《情感—心理智能指数》一书从五个方面分析了情感学习能力，即自我认识能力、自我驾驭能力、自我修正能力、共鸣情感产生、社会协调性。

根据这一理论，把日语学习的情感态度能力归纳为：学习愿望与兴趣的培养能力；树立良好学习动机的能力；调节个人情绪的能力；勇敢、积极地参与语言实践的能力；与他人的协作能力；探索精神与毅力；培养克服困难的勇气和决心的能力；吃苦精神；人际交往能力。帮助学生适时地调节自我学习心理特点，是教师教学过程中对学生情感态度培养的目标。

(四) 日语策略学习能力的培养目标

学习策略是学习者为掌握某种知识和技能所采用的一系列方式方法。通常从四个方面来理解：认知策略、调控策略、资源策略、交际策略。外语能力的形成除了受教学策略的影响外，还需要通过学生的学习实践活动来体现。日语能力形成的一个重要条件就是学习策略的选择。

日本名古屋大学教育学研究科伊藤崇达根据"失败的努力归属与学习动机没有关系"

的结论，对原因归属、学习策略与自我效能感之间的关系进行了调查研究，得出了"与认知的学习策略相比，自我调整学习策略与自我效能感之间的相关更为显著。在诸多的学习策略中，学习者自我调整学习策略最为重要"的结论。

这一研究表明，自我调整学习策略对学习成就获得具有重要意义。假设将学习中遇到的困难看作学习的暂时性失败，那么相应地调整自我的学习策略就是克服困难的最重要的武器。

日语学习活动中策略学习的能力主要包括：选择有效感知、记忆、联想等方法的能力；选择合理预习、复习策略的能力；有效理解知识和概念的能力；主动探索符合日语学习规律的学习技巧的能力；调节学习中自我生理与心理机能的能力；正确评价自我学习的能力；监控自我学习的能力；管理自我学习的能力；在团队学习中发现及借鉴他人学习方法的能力；选择既适合自我个性心理特征又可有效促进交际的行为方式的能力。帮助学生了解学习过程的特点，掌握学习方法和策略，是学习策略能力培养的教学目标。

（五）日语跨文化能力培养目标

跨文化学习主要有跨文化接触、跨文化理解和跨文化交际三个过程。跨文化接触，就是个体通过有选择地借用母国文化来接触跨文化，对跨文化所作的赋有个性特征的统合和再现。跨文化理解就是辩证地认识日本节化的内涵、思想观点。

学习者固有的价值观、思维方式会直接影响到对跨文化的理解和认识。跨文化交际又被称为跨文化知识应用，主要是指与日本人进行交际时如何避免发生文化冲突，使交际朝着我们期待的目标发展，保障交际顺利进行。

日语教学中的跨文化交流能力培养的重点不是跨文化交流，而是要了解和训练学生的跨文化交流能力。结合日语学习特点，将跨文化能力概括为：意志决断能力，问题解决能力，创造性思考能力，批判性思考能力，有效的交际能力，人际关系能力，自我认识能力，共鸣能力，情感控制能力，对焦虑的处理能力（心理调节能力）。

意志决断能力，即明确自我究竟要做什么、想做什么这一目标意识，从而决定自我行为目标和方向；问题解决能力，包括目标设定，其中最重要的是发现问题和选择最恰当的解决问题的方法以及如何达到目标的企划能力；创造性思考能力，即把获得的信息进行创造性的组合，创造出独特的思考和计划的能力；批判性思考能力，即对获得的信息、经验以客观的方法进行分析的能力；有效的交际能力，即采用言语与非言语形式自我表达的能力；人际关系能力，即与他人保持良好人际关系的能力；自我认识能力，即对自我的性格、优缺点、愿望、好恶等的认识能力；共鸣能力，即对他人的意见、情感、立场、心情能够产生共鸣又不为其所左右的能力；情感控制能力，即对喜怒哀乐等情感的自我控制的能力；对焦虑的处理能力，即了解跨文化学习过程中产生的焦虑源，为解消焦虑而采取适当措施的能力，也称作心理调节能力。帮助学生了解跨文化理解和交际的特点，掌握跨文化学习的方法，是跨文化教学关于跨文化交际能力的培养目标。

第二节 日语教学的基本原则

教学原则对教学活动的顺利有效进行具有指导性和规律性的含义，可以使教师更好地进行教学活动。

普通教学原则包括有序性原则、教学最优化原则等。

有序性原则是指教学工作要结合学科的逻辑结构和学生的身心发展情况，有次序、有步骤地开展和进行，以期使学生有效地掌握系统的科学知识，同时有效地促进学生身心健康发展。

教学最优化原则是在教学活动中，要对影响教学效果的多种因素进行全面的控制，使其达到最佳的教学效果。

日语教学原则是日语教学规律的反映，是在一定的教学原理指导下对学生掌握语言知识和语言技能的基本路子、途径的总说明。不同的外语教学法流派的理论依据不同，在对外语教学规律的理解上存在着差异，在体现教学规律的指导原则上存在着分歧。日语教学既要坚持基本的教学规律，又要坚持正确的教学方法。

也要根据语言学、心理学、教育学、生理学、系统论等科学的最新研究成果，吸取各教学法流派的优点，制定适合我国学习者开展日语教学的基本原则。

21世纪教育的终极目标就是培养全面、和谐发展的人才。作为国民教育的一个组成部分，日语教学也肩负着这个使命。人的发展包括内因和外因两个因素。内因是指正常的健康的个体身心内部发展要素，主要有两个方面：一是遗传素质，二是人的主观能动性。

遗传素质是生物因素，是人的发展的物质基础和前提条件。遗传素质的成熟程度，影响着人的身心发展过程和阶段。主观能动性属于心理范畴，人的主观能动性的性质、方向和水平都离不开教育的培养和塑造。

人的发展的外因是指影响个体发展的一切外部客观条件，包括自然条件和社会条件，在外语教学中通常称之为语言教学环境。人的发展的内部因素和外部因素是通过实践活动和教育活动实现和谐统一的。

人的发展是教育的宏观目标。外语教学的具体目标是掌握语言知识，培养语言技能，要想实现这一目标，必须通过教师的教学实践和学生的语言实践来完成。日语教学原则必须遵循教育方针，符合教学规律和语言学习规律，为完成语言教学的根本任务服务。从这个意义上，把日语教学原则体系归纳如下。

一、以提高学生综合素质为目标

人的素质是指人所具有的从事某种活动的生理、心理条件或身心发展水平，包括人的先天禀赋和被内化了的后天教育、影响等诸多因素。人的素质可分为个体（个人素质）的和群体的（民族素质等）。

就个体的人来说，其素质又有生理的（身体的）和心理的等。其中心理的既包括知觉、记忆、想象、思维、情绪、情感等与生俱来的心理特质，也包括被内化的属于文化范畴的政治的、思想的、道德的等社会性心理内容。

日语教学除了使学生掌握日语知识和技能外，还要使其通过对日语课内外的学习提高文化修养。它不但使学生受到思想教育、道德教育、人生观价值观的教育，同时还开启学生智力，培养能力，把日语教学与人的全面发展这一教育教养任务有机结合起来。

提高学生的综合素质，对教师有以下要求：

（1）在教学过程中要注重挖掘学生的智力潜能，发展学生的智力水平。外语学习的智力要素主要包括语言感知能力、观察力、记忆力、联想力、逻辑思维能力、创造力以及学生的自学能力。

（2）在教学活动中要注重对学生四项基本技能的培养，即外语学习的能力要素。它包括听解能力、会话能力、阅读能力、写作能力，有学者把翻译能力也纳入外语能力要素范畴

二、创设各种形式的语言学习环境

在我国开展日语教学活动的特点之一在于它是一种间接认识，学生在教学中以学习书本知识为主。

生活中的语言是鲜活的，有时候语言规则也不能完全解答现实中所使用的语言现象，更何况作为外语的日语语言与学生的人生经历之间存在着巨大的差异，其中一些甚至是完全不熟悉的。而人类的认知往往由感性向理性、由具体向抽象的转变，如果没有感性的认知和具体的意象作为依据和支持，就无法真正地理解语言的概念和文化背景。

由于学生与课本知识的客观差异，使他们在学习和理解中不可避免地遭遇到各种困难和障碍，创设多种形式的语言环境和语言学习环境，对学生的成长有重要意义。创设语境可以采取以下措施：

（1）这是一种直觉。模象直观是指通过多种方式来模拟物体，包括图片，图表，模型，幻灯，录音，录像，电影，电视等。实物直观虽有其真实感和实效性，却常常受限于实际情况，而模象化可以有效地弥补物理上的不足，尤其是在教育方面，由于现代科技的运用，模象化的范围变得更为宽广，可以通过一定的技术手段来实现。

（2）这是一种很直接的语言。"语言直觉"是指教师通过使用自身的语言，通过对学生所获得的知识和体验进行形象化的描写，使学生产生感性的理解，从而产生视觉上的效果。相对于前面两个直觉，语言的直觉能最大程度地摆脱时间、空间、物质条件的制约，是最方便、最经济的。语言的直觉效应在很大程度上依赖于教师自身的素质与素养。

（3）完善教学条件设施。在科学技术高度发达的当代，日语教学外部环境已经达到一个相当高的水平，日语教学所需要的图书情报资料、影像设备、网络媒体资源为创设语言学习环境提供了可能。

在日语教学中切实有效地创设好语言环境和语言学习环境，对老师来说，最基本的条件是：

（1）正确地选用直觉方法。不同的课程内容、教学目标、不同的教学任务、不同的年龄特点，都会导致不同的教学方法。

（2）直觉是一种方法，非一种目的。通常情况下，只有在教学内容相对生疏，学生在学习过程中难以理解和掌握时，教师才会使用直观的方法。单纯为了直觉，只会降低教学效果。

（3）通过直观的方式来提升学生的认知能力。直观地赋予了学生情感体验，而教育的基本任务就是让学生对理论知识有一定的了解，所以在使用直观的时候，要注重对学生的具体操作，例如：用问题、解释来激发学生对事物的关注，激发他们对事物主次的影响的区分。

（4）合理选择教学优质资源，应用最有利于学生理解、掌握教学内容的教学技术手段和教学方法，不走形式，不浪费宝贵的课堂教学时间。

三、有效激发学生的学习动机

"有领导意识"是学校教育的一大特色。在外语教学中，如果没有老师的引导，学生很难独立地完成对外语的学习。

教师要承担起教学任务的完成、教学效果的好坏。但是，在教学中，学生是主要的。教师在日语教学中起着重要的作用，一是要调动学生的学习好奇心，培养学生的学习积极性，从而达到自主、主动的目的。没有了这个基础，学生们就不可能真正掌握语言的知识和技巧，也不可能发展学生的智力，更不可能培养学生的态度和情感。

学习动机是激励和引导学生学习的内在动因。其心理因素主要有：对学习的需求、对学习的必然性和信仰；学习兴趣，爱好或习惯等。

在进行一项学习活动时，除了要具备一定的学习需求之外，还应具备一定的学习目的。因为学习的目的是引导学习的，所以我们可以将其叫做"学习动机"。学习目的和学生的需求是影响学习动机的一个主要因素。学生的学习动机可以通过教育教学过程加以培养。培养学生的学习动机对教师有以下要求：

（1）要通过目标设立、奖惩机制、选择受关注的热点问题等激发、启发学生的学习自觉性。

（2）要激发学生的好奇心与求知欲，帮助学生通过直观或实践活动形成稳定的学习兴趣。

（3）根据阿特金森的成就动机理论，总是给学生提供难易度系数为50%的学习内容，因为在这个难易度系数下，学生的学习动机最强。

（4）对于缺乏学习动力的学生，还可以利用其爱好诸如日本动漫、网络游戏等原有动机，通过必须掌握知识才能完成的影视欣赏或游戏任务造成动机的迁移，以形成学习的需要。

当学生已经有了种种学习需要之后，为了将其维持、加强或进一步发展，还必须做好动机的激发工作。激发学生的学习动机，对教师的要求如下：

（1）采取启发式教学、讨论式教学、辩论式教学等新颖而生动的教学方法，激发学生参与语言实践活动的意识，提高其语言应用能力和水平。

（2）创设问题情境启发学生积极思维。为此，教师要熟悉教材，理解教材的结构，理解新知识与老知识的关系，并了解新知识的认知结构状况，以保证新的学习内容与学生现有的发展水平形成合适的间隔。创设问题情境的方式多种多样，既可以用教师设问的方式提出，也可以用作业的方式提出；既可以从旧教材与新教材的联系方面引入，也可以通过学生的日常经验引入。在教学过程和教学结束时，也可以创设问题情境。问题情境创设的方式多种多样，并且应该贯穿整个教学过程的始终。

（3）创造轻松自由的课堂气氛，避免学生过度紧张和焦虑。

（4）适当开展学习竞赛，处理好竞争与合作的关系，建设合作型课堂结构。多伊奇（M. Deutsch）的目标结构理论指出，团队成员为了实现目的而采取的不同的奖赏手段，会使个体在达成目标时以不同的方式进行互动。

研究表明，个体相互作用的方式主要有相互对抗、相互促进和相互独立三种形式，与此相对应，课堂目标结构也有竞争型、合作型和个性化三种类型。在竞争目标结构中，群体成员的目标存在对抗。只有当别人没有实现目标的时候，个人才会实现自己的目标，并获得成功；当别人成功时，就会减少某个个体的成功几率。

激发学生的学习动力有很多方法。只要教师运用以上方法，充分发挥学生的学习热情，就可以使他们更积极地学习，更富有成果。

四、重视跨文化交际能力的培养

外语教学的主要目的是培养学生的交际能力，而交际能力主要由语言能力和社交能力构成。交际是通过言语和非言语行为来实现的，不了解对象国的文化就不可能真正具备跨文化交际能力，交际行为也受使用者的文化制约，同时也是其文化的载体。在日语教学的过程中，对跨文化交际能力的培养应着重研究干扰交际的文化因素。这些因素包括语言手段、非语言手段、社交准则、社会组织、价值观念等。

语言包括词语的文化内涵、篇章结构、逻辑思维以及翻译等方面。非语言手段指手势、身体语言、服饰、音调高低、微笑、沉默、对时间与空间的不同观念等。社交准则泛指人们交往中必须遵循的各种规则以及某些风俗习惯。

社会组织指家庭中各成员的关系、同事朋友关系、上下级关系等。价值观念包括人与自然的关系、道德标准以及人生观、世界观等。

重视对学生跨文化交际能力的培养，主要作用在于以下几个方面。

（1）了解不同文化的交际功能模式，能使学生进一步意识到不同文化背景下的人们惯用的言行交际方式。

（2）了解不同的文化行为及其功能，能增强学生对不同文化背景的人们的通常行为的了解，并把他们与受自身文化影响的行为联系起来。

（3）了解不同文化背景的人们的人生观、价值观、世界观及道德标准，能增强学生对自身文化的意识以及对不同文化、不同道德标准的人们的理解。

（4）了解不同文化背景的人们的日常生活模式和言语及非言语行为方式，重点是人们日常生活中的常见行为，能帮助学生了解具体情景的行为原则。

在日语教学中贯彻这一原则，对教师有以下要求：

（1）明确跨文化能力培养的主要任务，即培养学生对人们的行为都会受到文化的影响的理解力；培养学生对社会的理解力，这种影响力会受到诸如年龄、性别、社会阶层、居住地等因素的影响；增强学生对在一般情况下日本节化中常规行为的意识；增强学生对日语中词和短语文化内涵的认识；培养学生用实例对日本节化进行评价和完善的能力；培养学生获取日本节化信息并对其进行加工整理的能力；激发学生对日本节化的求知欲并鼓励学生体验与日本人的文化共鸣。

（2）掌握跨文化能力培养的基本方法，如对比法、交际法、演示法、实物以及图片参照法、讨论法等。

（3）注重行为文化的导入，要把语言习得和文化习得有机结合起来，使学生通过学习获得语言能力、言语能力和交际能力。

五、教师指导和学生自觉学习相结合

教学活动中，到底应该以教师为中心还是应该以学生为中心，一直是教育史上重大的争论焦点问题。如赫尔巴特所强调的"教师的权威"主张"教师主体"；杜威提出的"儿童中心论"主张"学生主体"。

就教育过程的本质和教师的作用来说，在整个教育教学过程中，教师应处于主导地位。原因如下：

第一，教师是教育方针、教育计划的贯彻执行者，教师主导着学生的发展方向和质量规格。

第二，教育本身是有目的有计划的育人过程，人的发展是在教育过程中靠教育者有组织有计划地系统实现的，任何教学大纲、教学计划和教科书都取代不了教师在培养人方面所起的作用。

第三，教师受过专门训练，具有扎实的专业知识和教学经验，懂得教育规律，掌握教学方法，因此，学生的学习只有在教师的指导下才能在短时间内取得最佳效果。

但是，应该看到，教育过程是师生的双边活动，必然离不开学生的积极主动参与。调动学生的积极性与主动性，不仅是教师主导作用的内涵之一，也是衡量教师主导作用发挥程度的重要指标。因此，就教育过程的总体来说，在教与学这两个主体的关系上，教师处于主导地位。

学生是学习的主体，在教育过程中，学生是学习任务的主要承担者。相对于学习内容而言，学生是学习的主人，与学生主体相对应的是学习的客体，它不仅包括教师所施加的一切教育影响，也包括教师本身。因此，认识到学生的主体地位，可以提示教师在教的过程中想到学生的学，并自觉调动学生的学习积极性和主动性。在教育的过程中，学生具有主体和客体的双重属性。承认学生的客体地位是教师发挥主导作用的前提，明确学生的主体地位是提高教育活动效果的关键与根本。在教学中要充分调动学生学习的自觉积极性，使学生能够主动学习，最终理解并掌握所学知识。

教师要面向每个学生，充分了解学生。现代教育强调的是，不能让学生去适应教育，而要让教育适应学生自己。除了学业表现之外，教师还应掌握其各个方面的性格特点，如家庭背景、生活经历等。

尊重不同的学生。学生的差异性既有其客观存在，又有其合理性。日语教学的各个阶段的课程目标均包括一级目标和二级目标，在满足这些目标的前提下，教师要让学生有不同的方面、不同的水平，并根据不同的情况，使他们的性格得到最适合的发展。良好的教育不是一个"标准件"，而是大量的人格全面发展。

六、合理处理日语教学中的关系

（一）处理好汉语和日语的关系

外语教学法视其对母语的态度分为两大学派：翻译法和直接法。翻译法充分发挥母语在外语学习过程中的作用；直接法在外语学习过程中完全排斥母语。在日语教学的实践过程中，如何处理好作为母语的汉语和日语的关系，直接影响教学方法的选择和教学效果。

语言是约定俗成的，语言具有民族性和科学性。语言学上日语和汉语属于不同语系，汉语属于汉藏语系分析语，有声调。汉语的文字系统——汉字是一种意音文字，表意的同时也具备一定的表音功能。而日语属于黏着语，通过在词语上粘贴语法成分来构成句子，称为活用，其间的结合并不紧密，不改变原来词汇的含义只表示语法功能。

在日语教学过程中切实有效处理好母语与日语的关系，对教师有以下基本要求：

1. 把握母语的使用

分析一般外语学习者能在有限范围内用外语思维的原因可以得知，这不是从学习初始就排斥母语的结果，而是反复操练和反复使用外语进行真实交际的结果。学生在学习和使用日语语言过程中必然要经历两个阶段：一是日汉、汉日的翻译过程，这是学习的初级阶段；二是完全用日语思维，排除翻译的过程，这是学习的高级阶段。

　　学生在掌握外语的过程中，总要经历"自觉到不自觉"的过程，也就是先借助母语作为外语与概念的中介来学习和使用外语，而后逐渐屏弃这个中介，在外语和概念之间建立起直接联系，这是使用外语的内部心理机制的一个质的变化。掌握外语的过程就是实现飞跃的过程。而要实现飞跃，关键在于反复实践。学习者在控制使用母语翻译过程中，有积极和消极两种类型：自我调控能力强、能自觉训练排除母语翻译过程的学生，进步快，口语能力强，语速快，属于积极的类型；反之，是消极类型。为促进学生抛开母语中介，达成学习质的飞跃，教师需要对学生学习进行有效指导，引导学生在听力、会话、阅读、写作过程中逐步养成"直读直解"的习惯，学会用日语思维。教师在课堂上尽量不说或者少说汉语。同时直观释义法或者日语解读法都是有利于克服母语干扰、培养日语思维能力的有效教学方法。

　　教学过程中，对待母语汉语既要控制使用又要好好利用。翻译法只讲利用不讲限制，直接法只讲限制不讲利用，两者都具有片面性。用翻译法释义是最节省时间的授课手段，但是，它并不是最理想的手段。由于语言并不是一一对应的，翻译释义有时候很危险，容易引起学生片面理解词汇意义，造成语义误读。

　　可见，一个词会产生多种意义，用许多的汉语词汇来翻译，只会带来记忆困难。所以，无论是从语言思维的培养角度还是从准确认知并正确运用语言的角度，都建议用日语授课。

　　那么何种情况下可以使用汉语翻译？可以参考如下情况。

　　第一，用日语或者直观法难以释义的词汇、成语、句子、语篇可以适当使用汉语翻译或解释，节省教学时间。

　　第二，作为检查学生对知识的掌握情况的手段，教师可以用翻译法。

　　第三，区分日、汉语言规则和概念时，可以适当使用汉语。

　　第四，区分日语近义词意义时，可以适当使用母语翻译。

2. 努力克服母语的干扰

　　汉日语言的相近性既会为我国的日语学习者学习日语带来便捷，也是一种烦恼。首先，尽管日语中的汉字数量很多，但一些日语汉字在语义上却和现代汉语有着很大的差异。

　　另外，日语中的长短音、促音、浊音等发音是汉语中所没有的。

　　汉语的语序是"主—谓—宾"结构，日语是"主—宾—谓"结构，谓语在句子末尾，对于习惯汉语表达方式的学习者来说，语言思维的转换是学习语言面临的最大困难。日语的句子成分在句子中的作用和地位是由助词来决定的，语序不决定语义，这些都与汉语有很大差异。

学生在认识、掌握和熟练语言规则时，不可避免地受到母语的严重干扰，所以，在初学者乃至于学习很长时间日语的学习者身上，总能发生"汉语式日语"的情况。此时，教师的指导就能发挥积极作用。

在教学中，应注意对母语干扰的选用、时间的合理、重点的安排、训练系统的设计。教授时需要"提点学生"，不必展开分析，不能在有限的课堂教学时间内全力专注于区分汉语、日语，要引导学生有目的、有计划地克服母语的干扰。

3. 有效利用汉语中的积极迁移效应

语言迁移是指从母语的影响到第二语言的学习，这主要包括语音、词汇、语法、语义等方面的因素。语言迁移还包括语言之外因素的影响，如思维模式、文化传统、社会历史等方面的影响。

我国的日语学习者在日语学习过程中，首先要解决的是母语汉语的语言迁移问题。

日语与汉语在历史上有过几个相互吸收的阶段。日本在绳文时代是没有文字的。公元四五世纪，汉语传入日本，主要为一部分识字阶层所习用。后来随着我国文化制度和思想学说的传入以及佛教的普及，汉语也渐渐融入到了日语的日常生活中。许多日语词汇的读音都是从汉语中传入日本的。在飞鸟和平时期（约六百多年），由于受隋唐文化的影响，汉字的一些偏旁部分和草书汉字的使用，日本人发明了片假名、平假名，从而形成了日语的全称系统。

汉语和日语在历史上始终呈现出紧密的互动，这与两国在政治、经济、文化等各方面的广泛交流是分不开的。日语教学过程中，这些互相融合的语言文化，相对于欧美的学习者，对我国的学习者来说是一种优势。特别是学习日语时，没有哪个国家的学习者能超过我国学习者。此外，同属于东方儒文化圈的我国和日本，在价值观、传统思想方面有着共源的特点。例如，我国和日本都崇尚"和为贵""仁礼孝"等，文化差异性小，这就减少了我国的日语学习者跨文化学习的压力。有效利用汉语与日语语言上、文化背景上的相似或相近的特点，促进汉语固有知识和经验在日语学习过程中的正迁移，是日语教师必须坚守的原则。

说到学习迁移，我国的学生在日语学习之前，大多学习了英语。应该看到，这种东西方文化差异很大的语言学习，开拓了学习者跨文化学习的能力，日语近代以后大量引进西方文化，还有许多外来语存在于语言词汇之中。在日语教学过程中，英语教学对学生的迁移影响也是非常重要的。

（二）处理好语言知识教学和语言技能教学的关系

在语言学中，当语言和言语作为术语而对立使用时，语言指的是语音、语法、词汇系统；言语指的是用语言进行听说读写的交际活动。语言具有全民性，而言语具有个人性。

在日语教学中，重视语言，就会以教授语言形式、结构规则为主，以分析讲授为教学模式，教学活动中心是教师，教学设计多为封闭的、固定的模式；重视言语，就会以语言实践为主，以学生为活动中心，根据语言话题、内容、语义、语境等的变化，设计多为开放的、弹性的教学模式

日语知识的获得和能力的培养究竟是怎样达成的？习惯习得理论认为，"语言是习惯的体系"，外语学习靠模仿记忆，反复操练，直到新的语言习惯形成。但是，它重视语言学习的条件反射训练，忽视人的主观能动性、逻辑思考力和理论知识的作用具有片面性。认知学习理论认为，语言学习是一种创造性的活动，要重视智力和语言规则，但是它对语言技能的形成需要通过反复实践认识不足。

掌握一门语言，语言知识是基础，是言语能力形成的前提保证；言语技能是语言学习的最终目标；使学生能自如准确地运用语言进行交际活动，是日语教学的根本目的和任务。日语教学必须要把语言知识学习和言语技能训练作为同等重要的任务来完成。

语言知识是有限的，词汇、语法是约定俗成的，有一定规律可循。选取难易度、知识内容都符合教学目标设计的教科书，设计合理的教学计划和课程计划，在教师的指导下，学生就能够达成掌握知识的目的。言语技能的培养则需要更长的时间。

J. 布鲁纳认为，学习一门学科，包含三个同时发生的过程，即知识的获得、知识的转换和知识的评价。R. M. 加湿则认为学习过程存在八个阶段，即引起动机阶段、了解阶段、获得阶段、保持阶段、回忆阶段、概括阶段、作业阶段和反馈阶段。

奥萨贝尔认为一个完整的学习过程包括三个阶段，即习得阶段、保持阶段和再现阶段。笔者认为，外语知识的掌握过程由五个认识活动的环节构成，即教材的直观、教材的概括、教材的识记、教材的保持和教材的具体化。教材的直观和概括是由教师主导完成的，教材的识记、保持和具体化是学生的行为，必须通过反复训练、巩固记忆才能达到纯熟。所以，比较起知识的传授，教师在对学生进行听说读写能力培养方面要付出更多的努力。处理好语言知识教学和语言技能教学关系，对教师有以下要求：

1. 语言知识教学原则

（1）语言知识教学方面要处理好课文教学和语音、词汇、语法教学的关系。

语言体系内部包括语音、词汇、语法三个要素。语音是语言的外壳，词汇是语言的建筑材料，语法是一个个孤立的词汇的黏合剂，三者统一，才能使语言成为交际的工具。

外语教学大纲是把学生必须掌握的词汇和句型按照五十音图的顺序逐一列出，把语法项目归类列出。但是，大纲只能是教学纲要和指导，不能够代替教科书应用于教学过程中。

课文教学规定了语法、词汇、语音知识的讲解范围和教学内容，按照初、中、高级阶段技能教学的不同侧重点，课文教学在方法上可以发挥统筹、协调的作用。

课文教学不能全部解决语言规则的问题，如果不能有效地解决语音、词汇、语法的问题，课文的教学也无法进行。所以，对语言三要素的单项训练也不容忽视。有教师在精读课教学上先讲生词，再讲语法，然后进入课文和练习；也有的教师以课文段落为单位，逐段讲解生词和新的语法。这两种做法各有利。

先讲新知识就会后讲课文，语言的练习会集中在一个个知识点上，对掌握新知识有益，对课文进行综合训练会有所不足；逐段讲解新知识点，会以本课要解决的问题为核心，不利于新知识点的系统化和单独训练。教学过程中无论采取哪种做法，如果能够做好教学设计，有意识地规避这些弊端，就能够保证教学方法的合理性和科学性。

笔者建议根据日语不同教学阶段，采取不同的教学模式：初级阶段重在听说，对学习者来说，新知识多，语法规则入门较难，所以要以先讲知识后讲课文为主，无论是语言知识教学还是课文教学都要贯彻听说领先、以练为主的方针；高级阶段重在阅读，新的语法规则减少，词汇量增大，词汇学习属于机械记忆的内容多，可以安排课前预习来解决，此时可以围绕课文开展教学。

还应该予以明确的是，在课文内的语言知识是零散的、不系统的、缺乏规律性的。对语言知识进行归纳整合，使知识系统化，有助于学生建立起学科知识结构，宏观把握知识。

（2）课堂内外都要关注知识的巩固和应用。在教学过程中，要不断地进行巩固，通过练习和复习，使学生能够牢固地掌握所学的知识。在教学过程中，要做到这一点，必须做到以下几点：

第一，以了解为基础，加强学习。了解所学知识是巩固的先决条件。教师要确保学生学懂了，就可以取得很好的巩固效果。

第二，要确保科学的巩固方法。心理学的研究显示出了一些有关记忆与遗忘的规则，通过这种规则来组织和排列，可以使巩固的效果更好。老师要熟练掌握和应用这些法则。

第三，在具体的整合方法上要有多种。在学习过程中，教师要学会运用多种方法来巩固自己所学的知识，例如调查、制作、实践等，这些都可以使学生在实践中充分发挥自己的作用，从而提高学生的综合素质。

第四，要保障学生的身心和身体的健康。并不是作业越多巩固的效果越好。合理地安排巩固是考验教师教学能力的一个重要指标。

2. 语言技能教学原则

（1）课堂教学要重视语言实践，精讲多练，以练为主。正确使用语言需要懂得概念和理论，但是教学过程中至关重要的与其说是传授语言知识，讲授语言理论，不如说是培养言语能力，让学生掌握语言使用方法。许多教学法专家提出，课堂教学讲与练的比例应该为1∶5。

教师的讲解是必需的，在讲授方面重在"精"：第一是精选语言材料；第二是精炼地、精确地讲解语言。多练是针对讲而提出的，多练不仅仅指练习量多，练习时间多，更重要的在于善于练习：第一是指练习要科学化；第二是指练习要有针对性、目的性；第三是指练习要有助于培养听、说、写等语言交际能力；第四是指练习要符合学生的外语学习心理过程。

（2）语言技能培养方面要四会并重、阶段侧重、全面提高。听、说、读、写既是教学目的，又是教学手段，无论从交际的角度还是从教学的角度来看，这四个方面都是一个整体，相互联系、相互制约、相互依存、相互促进。

说和听属于口语能力，阅读和写作属于书面语能力。外语口语的学习过程是从听开始的，学生通过听来模仿、记忆、重复学会说，听为说提供了范例，创造了条件；会说的话是一定能听懂的，说可以提高听的准确性

阅读可以接触更多的语言材料，对写作乃至于听说能力的提高都有促进作用；写作能力促进口语表达的逻辑性和语言表达的准确性。听和读是吸收语言材料的过程，说和写是表达思想的过程。

日语教学应以大量的听说和阅读为基础，通过说、写的过程来巩固所学到的知识，要做到听说读写四项基本技能并重，全面提高言语能力。

大脑生理学的实验表明，听说读写各有各的生理机制，对某一个言语技能的训练必须要独立进行，不能相互替代。一般来说，在初级阶段的日语教学中，口语能力培养是主要任务，要侧重于对听说能力的培养，以读和写的练习来巩固听说训练中掌握的语言材料；中级阶段在继续发展口语能力的同时要加强读、写的训练；高级阶段阅读的训练成为首要任务，同时兼顾口语训练。

七、教学评价要促进教学质量

教学评估是以教学目的为基础，对教学过程和结果做出价值评判，从而为教学决策提供依据的一种行为。教学评估是对老师和学生学习的价值进行研究的一个过程。

评价的方法主要有量化评价和质性评价。对教师实施教学评价的主要包括三类人群：教育管理部门的负责人（包括督导），同行，学生。在学校教育中对学生实施评价的主要是教师和代表各级各类教育管理部门组织的考试评估。

学习评估的方式有：测验、提问、观察、检查、听课、评课。评估是一项教学活动。在此过程中，学生的知识、技能会得到提高，同时也会使他们的心智和道德素质得到提高。

日语教学法是从教师对学生进行评估的角度来探讨其教学评估的基本原理。对老师来说，最基本的条件是：

第一，要明确多重评估的目标，从而解决评估的方向性问题。

第二，要对每一次评估的内容和具体的评估目的进行清晰的界定。

第三，为评估所需的信息是清晰明确的。

第四、客观、科学地对评估数据进行评估。

任何一种教学理念的确立，都必须与现代教育的目的相一致。教育的民主化与主体性是教育现代化的本质特点。

教育民主化包含了均等接受教育的机会——不仅是指入学机会均等和获得知识方面的均等，还包括充分发挥每个个体的内在潜力以获得本领方面的均等；师生关系的民主平等；均等地改变所有教师和学生的学习、工作和生活条件等意义。

教育主体性包括两方面内容：第一，尊重学生的个人主体性，使学生主动、自由地为自己的学业承担责任；二是要尊重教育自主，尊重教育的相对独立性，突破传统的教学模式，以多元化的方式培养一批有个性的新生代。

第三节 日语教学法的内涵解读

一、日语教学法的概念界定

日语教学法就是研究日语教与学的过程及其规律的科学日语教学法这一概念包括以下

要素：日语、日语教学、日语教学法。日语是指日本民族使用的语言以及与语言交际息息相关的社会文化知识。

日语教学是关于日语语言知识与技能的教与学的活动，具体指教师指导学生学习日语语言文化知识，掌握日语听、说、读写等能力以及汉日语言互译能力、跨文化交际能力，同时帮助学生获得一定的身心发展，形成一定的思想品德的活动。学校的日语教学通常是在一定的教学目标指引下，按照既定的教学计划和大纲，采用符合教学目标和教学对象实际的教科书，在具有日语教学技能、日语知识和日语能力的教师的具体指导下，针对特定的教学对象实施的活动。

日语教学法还是研究日语（作为外语）教学理论和实践的科学。日语教学法不仅研究日语教学的基本理论，也研究日语教学的具体方法，如讲授法、翻译法、演绎法、练习法等，还研究针对不同国别、不同年龄段、不同固有知识水平的教学对象开展教学时需要采取的方法和策略。因此，日语教学法既是研究理论的科学，也是师生围绕日语知识与技能展开的教与学的实践活动。

二、日语教学法研究的对象和任务

日语教学法主要研究"为什么教（学）、教（学）什么、怎么教（学）、教（学）得怎么样"等问题，归根结底是教学的基本过程。教学过程是一个系统，首先体现的是由教师到学生的"人—人系统"，它是由教师、学生、教学目的及教材、教学方法等要素构成的。教学的培养目标决定着课程的设置、教科书的选择和教学评价的方法、标准等，与教育学、心理学有密切联系。教学的具体内容是日语语言和日本节化，这与日语语言文化密不可分。教学过程中会应用到教学设备、现代教学技术手段，这涉及教学方法与策略。这些都是日语教学法要研究的重要课题。归纳起来，日语教学法的研究对象主要包括以下几个方面：

（一）日语教学的意义

这方面主要研究的问题有：第一，学习日语对于个人发展和国家建设的意义。第二，学制与学时。在哪一类学校、哪一个年级开设日语，多少学时。第三，日语教学的教育、教养、实用目的及其相互关系，日语教学在实用方面的总目的和各年级的教学目标与要求。第四，各级教育部门有关日语教学的规定。

（二）日语教学的内容

这方面主要是研究教学内容。国家颁布的各层级教学规定了内容范围。教科书根据大纲的要求按照一定的顺序编排、选择具体内容，因此研究"教什么和学什么"的实质是研究教科书问题，如编写和选用教科书的原则、分析教科书的结构和体系等。

（三）日语教学的方法

教学是师生的双边活动，要研究如何教必须先研究如何学。

属于如何学的问题包括：第一，学生在日语教学中的地位。第二，学生学习日语的心理过程。第三，从学习者角度看决定日语学习质量的诸因素，如学习态度、学习兴趣、学习动机、学习外语的适合性（素质）等。

属于如何教的问题包括：第一，日语教学法的理论基础。第二，各种外语教学法流派的理论和实践。第三，适合我国日语教学的理论、原则以及与此相应的日语语音、语法、词汇基础知识教学和听说读写基本技巧的训练方法。第四，日语课堂教学和成绩考核。第五，现代教育新技术，除了传统的录音、录像、广播、电视外，最新的网络媒体对日语教学的影响等。

（三）影响和制约日语教学的因素

任何教学过程都是具体的，在一定的时空范围内开展的，有制约它的诸要素存在。例如，教学行政管理、教育政策、教师能力素质、教育评价机制等。在解决为什么教、教什么和怎样教的问题时，可以利用相邻科学的研究成果和理论，但是不能抽象、机械地引用，因为这些相邻科学的任务需要回答的问题与日语教学法不同。教育学的任务是探索一般的教育教学规律。心理学研究人们一般的心理规律和接受一般教育、教学时的心理规律；语言学研究语言本质、人们习得语言和运用语言的一般规律，这些理论有助于日语教学法的研究，但是它们不能直接、具体地回答日语教学过程中出现的诸问题。不断地回答、解决日语教学过程中出现的新问题是日语教学法研究的根本任务。

三、日语教学法的研究途径和方法

（一）日语教学的研究途径

1. 研究日语教学可以史为鉴

日语作为外语教学在我国已有百余年的历史。自 1896 年清政府在北京同文馆内设立了东文馆（日文馆）起，我国就开始把日语作为外语纳入教育领域。日语教学在我国起源于近代，发展于改革开放以后。作为外语教学的一个分支，日语教学法研究受到以英语教学法为主体的外语教学法的影响。

从外语教学法发展历程来看，我国的日语教学先后经历了翻译法（语法翻译法、词汇翻译法、翻译比较法）、直接法、自觉对比法、口语法、视听法、认知法、自觉实践法、功能法等发展阶段和过程。每种教学方法都有其合理性和不足之处，继承和借鉴已有的教学法，古为今用，洋为中用，取其精华，对丰富和发展日语教学法有现实意义。

2. 研究日语教学可以吸收兼容

与日语教学法相关联的其他学科不断发展，取得新的成果，其中必有能够为我所用的学科理论可以与日语教学实践相结合，指导教学实践，这也是丰富日语教学法的理论宝库。

3. 研究日语教学可以借鉴国外成功经验

20 世纪 60 年代日本经济崛起，日本成为世界经济强国，强大的经济实力也促进了日本的国际化发展，经济腾飞与生存压力、少子化等社会问题的产生也促使日本政府以及民间团体纷纷采取措施，大量吸收海外留学生，间接地促进了日本本土的日语教育者研究对外日语教学法。半个世纪过去了，这些来自日本本土的对外日语教学理论为我国日语教学提供了很多可供借鉴的经验

（二）日语教学法的研究方法

1. 研究课题分类

日语教学法的研究课题，按照性质和作用可以分为两大类：第一类是理论性的，其表现形式为专题论文和专著；第二类是实用性的，其表现形式是各种教学文件和资料，包括教学大纲、教材、考题、工具书、参考书等。

2. 研究方法分类

社会科学的一般研究方法有：观察、文献分析、面谈、问卷、测试、总结、实践和实验等。

（1）历史文献法。又称为历史法和文献法，就是研读国内外各个历史时期关于针对中国人开展日语教学的论述、专题论文、专著，分析、整理、研究各个时期的教学大纲、教材、考题等，从阅读文献入手，以历史的、发展的、批判的眼光探索日语教学理论与实践规律的研究方法。

（2）观察调查法。这种教学方式是在实地考察、获取相关数据的基础上进行的。可以用来观察老师自己，通过微课教学设备录制实验课全过程，课后进行观察。观察的对象也可以是他人的现场教学，获得一手的观察资料和数据，开展调查。

调查旨在取得难以直接观察到的资料，如为了评价贯彻某个大纲、使用某部教科书、采用某种教学方法的实践效果，除了观察教学现场之外，同时组织各种调查。

观察调查法主要包括教学现场观察、专门组织的调查测试、学生的作业或试卷调查分析、就某一专题问卷调查、谈话调查等。要对观察和调查的资料与数据进行归类整理和分析，综合研究后才能得出结论。

（3）实验法。这是一种通过教学实践验证原有假设或理论的方法。按实验目的，又可分为试证法和实验法。

试证法旨在通过教学实践验证实验前提出的假设，通常用于探索性研究。一般情况下，研究者在阅读文献或在教学实践中得到某些启发，形成某种设想或假设，然后组织试证教学，以期验证自己的假设是否科学，是否可行。

实验法旨在通过教学实践，验证前人或他人的某种理论是否有效和可行。通常用于评论性研究。在许多情况下，在验证前人或他人理论时，研究者往往加上自己实施这一理论的一些补充设想。这样的实验，就兼有试证的性质。在现实的教学实验中，采用纯粹实验法的较少，采用既有试证性质又有实验性质的实验法的较多。

总结法是教师把自己在教学中积累的经验通过分析研究，使感性认识上升到理性认识，探索教学规律。

在研究实践中，文献分析法、观察调查法和实验法往往结合使用。

第一，采用文献分析法研究某个理论问题时，可能通过实验法取得论证资料。

第二，采用实验法评价某项理论时，可能通过观察调查法取得进一步的佐证。

第三，采用观察调查法进行研究时，可能事先通过文献分析法熟悉有关问题在文献资料中的记载。

（4）比较分析法。随着日本经济高度增长期的到来，经济发展需求与"少子化"产生的劳动力不足发生矛盾，日本自20世纪80年代以来，高度重视海外留学生的招收和教育，对日语非母语的学习者日语教育问题研究水平高，成果丰硕。这些日语非母语的学习者或者是以英语为母语，或者是以其他语言为母语，不同母语文化对日语教育教学的研究有不同的影响，结论也不相同。

当直接借鉴在日本针对我国学生开展的日语教育研究成果时，由于我国、日本两个国家的教学环境存在差异，可以采取比较分析的方法，研究不同文化背景、不同语言教学环境下的教学法理论和方法。同为外语教学法学科体系的英语教学、俄语教学的理论及方法也有助于丰富和发展日语教学法的理论，指导日语教学实践。

在比较法上可以采取纵向比较（如针对不同国别学习者日语教学法比较）、横向比较（如英语教学法与日语教学法比较；实验组与对照组比较）、同类比较（如在我国的日语学习者和在日本的中国人日语学习者的日语教学比较）、相异比较（如男、女日语教学法比较）、定性与定量比较（如影响日语教学的因素与影响值比较）等方法。

（5）经验总结法。日语教学是实践的过程，教学经验来源于教学实践，只有认真地科学地总结经验，并将其上升到理论高度，才能在更广泛的范畴内指导教学实践活动。总结经验需要我们具有明确的科学研究意识，选准研究课题与对象，把握方针政策，掌握国内外研究现状，制订研究计划，搜集具体事实，在此基础上进行分析和综合，并广泛论证，总结成果。

3. 研究工作的一般步骤

（1）准备阶段。这个阶段有两项主要工作：准备研究条件和拟订研究计划。

准备研究条件包括：收集文献资料（文献分析法），确定需要观察的班级及需要调查和收集的资料，编写调查测试用考题、问卷，选定各项活动的对象（观察调查法），准备实验用品（实验法）。研究计划内容包括：研究课题，研究的目的和意义，研究内容的提纲初稿，工作进程，各阶段完成日期。

准备资料和拟订计划这两项工作常常交叉进行。例如，要准备文献资料，先要取得课题；而要取得课题，又往往需要准备必要的条件。

（2）计划实施阶段。准备工作基本就绪，开始按计划开展研究活动：阅读文献、观察调查、实验。在这一阶段必须做好文献摘录及各种资料的记录、收集、整理、分类等工作。

（3）分析判断阶段。资料收集齐全、实验完成，就要对取得的各种资料从定量到定性两方面进行统计、分析、归纳、判断，得出有规律性的、有说服力的或者有启迪性的结论，形成观点。

（4）表述阶段。有了资料，有了观点，就可以正式构思论文的结构和内容，把研究活动的结构用文字表达出来，写出言之有物、立论有据、有观点、有材料的论文。

在实践研究工作中，后几个阶段的活动也可能有交叉。例如，在分析判断阶段，甚至在表述阶段，可能发现某些资料不足，因而需要再次收集资料，在对资料进行整理和分类时，就可能需要进行初步的归纳和判断。所以，上述工作步骤只能是一般的划分。

四、日语教学法认识的误区

（一）对教学方法唯一性的认识存在误区

许多青年教师教学实践经验少，教育理论知识基本功不够扎实，在研究教学法时容易陷入标准唯一的误区，即希望在教学中找到一个模板，无论什么课程、无论面对何种教学对象，"一招鲜吃遍天"。

例如，认为让学生动起来就是一堂好课，而不顾是否适合教学内容、教学目的，只一味地采取多种形式的课堂练习，流于形式；再如，认为教学法理论无用，教师可以各自为政，平行班教学时你用你的方法，我用我的方法，反对教学方法唯一。

诚然，具体的教学方法是多种多样的，不能强求一律采用同样的方法。但是，这样的不一致是在教学基本理论指导下开展的，是对基本教学法理论的不同诠释和演绎，这是在创造性地灵活应用教学法，而不是无标准、无原则的随意行为。

（二）对日语教学法科学性的认识存在误区

认为教学法是语言学、心理学、教育学理论的拼装，不是一门独立科学，或者把教学法与应用语言学、心理语言学、社会语言学等同起来，认为与其学习教法不如学习这些科学更有价值。的确，日语教学法与这些学科关系密切，但是，每门学科都有其独特的研究对象和研究任务、研究方法，能够有助于日语教学取得最佳效果的只有日语教学法。

有些教师尚未掌握日语教学理论，或者没有认真研究教学方法，对教学的认知来源于他的老师，在讲台上只能机械性地模仿自己的老师，属于感性认识、经验主义认识。这个模仿的方法是否符合教学目标，是否能保证教学质量，是否能达到预期效果是难以保证的。如何上好一门课，如何上好一堂课，不懂得教学法的教师很难科学地做出回答，那么这门课、这堂课的教学质量就可想而知了。

（三）对教学经验与教学法水平的认识存在误区

作为一门科学，教学法的理论来源于教学实践，教学法的理论来自于前人的教学经验，而教学法的理论则是通过教学实践来验证的。教学经验终究不等同于教学法理论，实践经验只有上升到理论高度才能指导实践，并且要经过实践的检验才可以称为科学理论。教师的教学活动是针对人的，学生不是实验品，不能用每届学生做实验，有责任心和教师道德的人不会把教学经验与教学法水平混为一谈。

（四）在处理教与学的关系上存在误区

有这样的教师，具有很高的日语水平，掌握一定的教学方法，有很强的责任心，希望他所教的学生都能学有所成。这也是一名优秀教师的标准。但是，在教学过程中，他总是担心学生学不会，讲授知识面面俱到，唯恐遗漏，认为学生只要跟随他的指挥棒就能学精、学好，所以总觉得课时不够，对学生的学习指导全神贯注于讲授，而忽视学生的主观能动性。把握不好"如何教学生学习"的问题，归根结底还是没有把握好"教与学"的关系，这样的教学很难调动学生的学习积极性，也不利于学生自主学习习惯的养成。

（五）对教师的主导作用及学生自主学习的认识存在误区

在强调自我学习、独立学习、终身学习的今天，在信息技术高度发达、知识获得方式不断增多的今天，学生的自主学习能力的确有所提高，但是，教师的作用依然不能忽视。随着高等教育改革的不断深入，对人才培养规格和质量的要求也在不断提高，日语专业人才培养从精英型、研究型转变为应用型、复合型。这绝不意味着人才培养质量的下降，而是对学生专业能力的提高和知识领域的扩大提出了新的要求。在有限的课堂教学时间内完成更多的教学任务目标，意味着教师的有效学习指导必须达到新的高度，否则，学生靠自我摸索经验、死记硬背是难以完成学习任务的。因此，不能只重视提倡学生自主学习而忽视对教师指导学生学习的研究，不能忽视教师的作用。

（六）对教学法水平与口头表达能力的认识存在误区

口头表达能力强意味着教师能清楚表达自己的思想意图。良好的学科基础、良好的口头表达，是教学质量保证的必要条件。但是日语教学是研究日语教学过程的科学，研究对象包括复杂多变的人，不懂得教学规律、人的学习心理等，口头表达难得要领，难以把握教学的关键。所以口头表达能力强不是取得教学效果的唯一条件。

（七）对日语水平与教学法水平的认识存在误区

认为日语水平高，就一定能做好日语教学工作。日语水平是日语教学的前提基础和教学质量的保证，但是，不是所有会日语、日语知识丰富的人都能做合格的日语教师。例如，不是所有的日本人都擅长日语教学；精通日语的翻译家不一定懂得教学法，不一定是优秀的日语教师。可以肯定地说，外语水平高的教师不一定懂得教学法，教学水平也不一定高。

第二章 现代日语教学的相关理论

第一节 认知语言学理论

认知语言学是一门以认知心理学为基础的语言学科，其从思维模式的角度出发对语言学习及各种语言现象进行了深度剖析。近年来，随着认知语言学研究的日益深入，其在高校外语教学方面的应用和研究日益广泛起来，对于日语教学也起到了一定的启示作用。

一、认知语言学理论的基础认知

20世纪七十年代后期、八十年代，很多语言学家从认知角度对语言现象进行了深入的探讨，并逐步发展成为认知语言学的一个分支。认知语言学在二十世纪七十年代末期在美国西部兴起，在二十世纪八十年代到九十年代迅速发展，现已在欧洲、北美、中国等国家流行开来，并逐渐成为一种新兴的语言研究领域。

1987年，莱可夫的《女人、火以及危险事物：哪些范畴揭示心理》以及兰盖克的《认知语法的基础：理论前提》都极大地推动了认知语言学的发展。1989年德国首次国际认知语言学会议、《认知语言学》期刊于1990年发表，被视为其产生的一个重要标志。

关于认知语言学的定义，但目前还没有形成一套完整的、完整的理论体系。国内外众多专家和学者对它的认识存在着仁者见仁、智者见智、众说纷纭。简单地说，认知语言学是一门关于人类认识规律与语言关系的学科。接着，作者就如何更好地理解狭义的认知语言学进行了详细的论述。

（一）认知语言学理论的哲学基础

认知语言学是以哲学、认知科学、心理学、语言学为基础的。由于篇幅有限，本节将着重探讨与本节相关的经验哲学基础—体验哲学。

语言哲学观点的差异导致了语言流派的差异。语言与客观世界的关系是语言哲学的根本问题。

在西方哲学史上，主观主义与客观论是两种不同的哲学观点，但主观主义对语言研究的影响甚微，而客观论对它的影响却是巨大的。

客观主义确立了一种主客体对立的二元理论。客观主义者误以为，主客观是相对的，是完全不同的，而人类对于这个世界的理解是完全客观的，是对真实世界的直接拷贝。

"认为理性、思想、观念、理解是自主的，不会被人的生理和物质条件所束缚，而人的思想是超越主体的、超验的，不依靠知觉的肉体体验和与客观世界的互动。"

客观论强调人类的理性超验性，是一种与人类自身特性无关的、与肉体行为无关的超验性。在这种思想的影响下，人们将语言视为一种抽象的象征，并将其视为与客观事物性质直接对应的、真实的反映。在客观哲学的基础上，20世纪兴起了两个主要的语言学派别，即结构主义和转化产生型。他们认为，语言是一个封闭的、静止的系统。

从哲学的角度来看，它反对客观主义的哲学观，从理性的角度出发，强调客观世界对于人的认识，重视人的主体性和想像力，提倡主客体互动，坚持经验哲学观。

体验哲学的观点认为，人的认知来源于真实的体验，而非和现实的对应，它是以人的身体、认知和社会的体验为基本的，并以人的体验为核心。

经验哲学的三大基本原理是："心灵的经验、无意识的认知、隐喻的思考"。

1. 认知的无意识性

我们的认知和处理信息的过程，在我们的头脑中是很复杂的，但是却在快速的运转，我们不能察觉。经验哲学强调"意义"的经验，将"意义"放在"身体"和"潜意识"这两个概念体系之中，而"经验"哲学却是"有意识"，因此，"经验"是对"分析"的"反抗"。

2. 心智的体验性

心智的经验主义认为，范畴、概念、推理、心智等并非天生的，而是由后天的人与客观世界的交互经验，经过认知处理而产生。人与周遭的环境相互作用，形成了范畴、概念和意义。

在感官经验中，人的身体（身体部位、感觉器官等）与空间（地点、方向、运动等）构成了抽象概念、意义的两大基本要素。比如，"头"是人体的一个部分，它是用"山头""树头"等的比喻来进行的，而"上午"和"下午"的概念则是从"上、下"中引出的。

3. 思维的隐喻性

认知语言学认为，人的思想并不是直接地拷贝真实的世界，而是一种"跨领域的认知",这就意味着,"大多数的推理都是隐喻的。"

隐喻就是将一个认知领域的概念投影到另外一个领域。这两个认知域的概念是相互联系的,而这一联系来源于认知的范畴,例如,"论战"和"争论"就是以战争为比喻。经验哲学认为隐喻是一种普遍现象,它是人类的一种认识方法,是人的思维活动的一种重要特点。

体验哲学是认知语言学的哲学基础,它对认知语言学的理论产生了很大的冲击,它并不能直接地反映出语言的本质,它是由人们对真实世界的经验和认知过程所产生的。

(二) 认知语言学研究的目的

认知语言学的目标是揭示语言事实背后的认知规则,并以此为基础对语言进行统一的阐释。

认知语言学认为,语言是人类认知活动中的一个重要组成部分。认知语言学以人类的认知规律为中心,以描述语言的结构为依据,寻找和揭示语言事实的认知模式,并以此为依据,对语言作出统一的阐释。

以往的认知语言学理论对语言现象的研究常常采用不同的研究方法。比如,用组合原理对语义进行分析,用词法和句法对词语和句法进行了分析,语用部分主要是通过会话含义、言语行为理论等进行分析,但在语用、语法等方面缺乏对语义、语法和语用的全面把握和沟通。而在认知语言学中,语言分析的方法则是尽可能地简化和统一,试图用最小的法则去解释那些看似互不相关的语言现象,并试图找到一种适合于分析、阐释语言各层次的基本认知模式,沟通语义、语法、语用之间的关系。

"纲目而张扬",只有对语言的深层认识进行了深度的挖掘,才能站得更高、更全面地理解语言现象,如语义、语法等。那么,在语言后面隐藏着什么样的认识方法?认知语言学的专家、学者们通过对认知模式、类型化、概念化、认知模式、意向图式、隐喻、转喻、关联、识解等认知方式。认知语言学家运用这种认知方法对语言进行了不同层次的分析,并给出了一个统一的解释。比如,隐喻、转喻是研究词汇语义演化、语法化的一个重要手段,而分类对概念的生成起着举足轻重的作用。

人的认识世界的方式,直接关系到人们的观念结构,语言的表达、使用和理解。不同的人在不同的认识和不同的概念构成了不同的语言习惯。

换言之,对于相同的东西,若从不同的视角来看,便会认出或强调它们的差异,因而对同一事物的名称也会有不同的名称。认知语言学认为,语言与人类的百科全书有着千丝万缕的联系。语言研究既要从认知角度出发,又要从概念知识、社会文化习俗、话语功能

等方面进行考察，要使语言更加清晰，必须充分考虑到这些要素

（三）认知语言学的核心内容

认知语义学与认知文法是当今最成熟的两大学科，其研究的内容与认知语言学有很多相似之处。本节主要是关于词汇教学，包括词汇意义的认识，因此，本节对这篇文章进行了简单的阐述。

认知语言学是一门以语义为核心的语言学，而非其它语言流派。认知语言学认为，认知是语言学习的基础，而人类的认识又与概念、意义有着密切的关系。因此，在认知语言学中，语义是一个重要的研究课题。

"认知"作为一种媒介，切断了语言与外界的直接关系，而认知在"语言"与"现实"的关系中扮演着极为重要的角色，它是人类认知活动的物质基础，而认知则是人类对真实世界的心理加工。这就突出了人们在"现实"和"语言"中的主观认识和想象的重要影响。语义是以体验为基础的，它源自于人与世界交互的经验，来自于使用者对事物的认识，无法脱离人的感知。对语义的考察，还应从认识和现实两个方面进行。

认知语义学的一个重要概念是："人必须透过脑海中的概念类别，来认识真实的世界，而真实的世界结构则是人的思维活动的结果"。

因此，认知语义论认为，语言的含义来源于对事物的认识，是对人的经验"概念化"。"概念化"是认知语言学中的一种认识方法，它不仅是对已有的概念进行界定，而且也是对概念的形成过程，强调了人类的创造与意义的动态。

人在经历真实的世界后，就会产生分类，分类就会相应地产生意义。意思就是概念的形成和结果。概念化是人类认识的一个过程，它与人类的经验、范畴、概念、推理等有着密切的联系。"认知语义学的终极目标是阐明范畴过程、概念框架、认知方式、推理过程、隐喻机制，以及语言形态对这些现象的影响。"

（四）认知语言学应遵循的原则

认知语言学以人类对世界的体验和对世界的认识为基础，是认知科学与语言学相结合的一种跨学科。它反对形式主义语言学的观点，认为语言不是一个独立的系统，也不是一个完整的系统，试图通过这种方法来揭示语言的认知规律，并用它们来对语言进行统一的阐释。认知语言学的理论基础是"现实、认识、语言"。

这一基本原理的涵义在于，在真实的世界与语言的认知层面上，语言并非一一对应，而是通过与真实世界的交互经验与认知加工而形成的，而现实与语言通过人的认知作为媒

介而相互关联。这种模式是"客观世界→认知处理→观念→语言符号"。现实、认知、语言三者相互影响、相互作用。

事实决定了认知，是认知的基石；认知是语言的基础，而语言是认知的反作用力。认知和语言是一种辩证、统一的关系。语言是人类在与真实世界的交互经验与认知处理过程中产生的一种认知现象。语言能力是一个人的总体认识。

认知语言学认为，语言理解要从人类的认识出发，要把语言与认知相结合。特别是，"认知语言学是一种关于语言产生、获得、使用和理解的一般规律，以及与思维和记忆相关的语言知识结构模式。"

因此，认知语言学主要研究语言现象背后的认知规律，并以此来阐释语言的一般规律。

二、日语教学中导入认知语言学理论的作用

认知语言学是一门以经验哲学为起点、以"意义"为核心的经验哲学，其目的是从认知模式、知识结构等方面对语言现象的认识规律进行统一的阐释。

培养学生的语言思维能力，主要表现在对语言的认识和创造性的培养上。具体来说，就是运用认知语言学的方法，在日语的基础教学中运用认知语言学的原理。

（一）教科书应重视词汇的基本含义与语义的关系

目前日语本科基础教科书中的词汇、文法安排太过零碎、死板。老师对文法的解释方式通常是列举几种用法，列举几个例子。而往往忽视了对词汇的解释，仅仅是按照词表的形式列出了一个词，并简要地标注了中文的含义。

学生在学习语法的时候，只能记住几种用法，却不知道它们之间的联系和异同。在学习词汇时，词汇的含义只能用中文的简单解释来理解。

随着词汇量的不断增加，人们越来越难分辨出大量的近义词。机械的、零散的、模棱两可的的记忆必然会造成记忆力的困难和理解的障碍。时间长了，就会失去积极的思维的能力。

将认知语言学的原型范畴理论运用到教科书编制与教学中，可以很好地解决以上问题。范式范畴理论认为，所有类型都有从典型实例到边缘实例的模糊特征。类别成员间存在着相似的家庭，身份也不同。原型是典型的中心成员，与人的认知结构关系最密切，因而最容易被大脑所察觉。

首先，在语义复杂、语义丰富的词汇中，可以采用树型语义结构图，将其语义与使用

的关系表现出来。

其次，在解释词汇、语法要点时，要明确所包含的基本含义。从认知语言学的角度来看，多义语具有很多语义，但是它们都是千变万化的，它们在本质上是一致的。这就决定了词汇在语义上的发展是有限的，而词汇的使用也是有规律的。

(二) 引导学习者理解语言所表现的"认知主体的意识"

虽然语言的结构受语法规律的影响，但这并不意味着它被语法支配。很多老师在教学中对语言和文法的关系处理得不好，过分重视文法对词义、词性的制约，造成了学生对语言认识上的误解，认为语法就是"框子"，只要在"框子"里活动，语言就是对的，超出了"框子"就是不对的。因此，在实际应用中，常常会有一些迷茫。

所以，在进行日语基础课教学时，首先要对学生进行正确的认识，使其掌握正确的语法和语言的关系。语法为言语主体提供了表达、传递情感和表达观点的工具。

人们通过不断地更新和深化语法知识，不断地丰富语法的内涵。由于不同的认知主体在认识上的差异，必然会造成他们的认知观念上的差异。所以，我们不能仅从一个语法项来判定一个语言现象的正确与否，还可以从特定的上下文出发，对它所包含的认识主体的自觉性进行分析。从认知语言学的角度来看，语言的组织和表达的结果都是由认知主体的自觉所决定的。

在特定的语言运用中，说话者要根据自己的表达意图和所处的环境来进行形式的选择。认知过程、焦点和话语意图是指言语中所包含的认知主体意识。

在日语专业教学中，运用认知语言学的原理，不仅可以从宏观上把握词汇的基本含义和语义之间的有机关系，还能在微观层面上掌握这些词汇的具体用法，从而摆脱词汇和语法学习中"只见树，不见树林"的局限。同时，它还可以帮助学生养成积极的思维习惯和思维能力。

在学习过程中，学习者会自觉地在大脑中构建多义关系的树型结构图，并通过对其语义的有机关联进行反思。同时，要培养对词汇的基本含义的探究习惯，而不只是对语义和用法的理解，要从根本上去理解。

在这种情况下，学生在学习新知识的时候，就会有更好的理解和推理能力。

将认知语言学的理论运用到教育领域，是一项具有挑战性的课题。最近几年，日本节部省已经把它列入了一个课题，日本的学者正在考虑发展成日语教材，从认知语言学的视角看，这或许会对日语的未来教育产生巨大的影响。李远喜、翟东娜、徐昌华等人对日语教学的研究成果也有很大的帮助。

将认知语言学的知识引入到日语的教学中，是一种全新的教学方法，它分析了语言的形态和规律，并从深层的思考中发现规律，引导日语的学习，并为其它外语的教学提供了有益的借鉴。

传统的教学侧重于对语言的形态与含义的剖析，未能深入地解释语言为何如此（语言的动机），从而对形式线索进行了剖析。特别是在这种情况下，学习虚词、压缩表达等语言现象，都是学生们想要解决的问题。将一些认知语言学的知识引入到具体的概念中，可以很好地解决以前难以处理、忽视的一些重大问题。上述所述认为，认知语言学对日语的教育有很大的促进作用。

三、认知语言学理论在高校日语教学中的应用

从英语教育的实践出发，大学日语专业从思想、方法等方面建立了一套适合日语特点的教学系统。然而，传统日语教学中教师过分强调零散知识的弊端逐渐显露出来，学生还没有形成日语思考的习惯，这对日语的学习造成了很大的难度，因此，日语教学改革势在必行。

认知语言学的概念是以感知、视点的投影、运动、范畴化等人类普遍具有的认知功能的反映，以认知科学与经验哲学为理论基础，通过心理学、系统论等多个学科的交叉研究，揭示了产生语言学的先天观念和转化产生语法的不足，认为语言的学习与应用都可以通过人类的认知能力来完成。本节从日语的音韵、句式、语义、语法等方面入手，积极引入认知语言学的相关理论，并对其进行了研究。

（一）认知语言学中的认知语法理论在日语教学中的应用

第一，日语教学中的主观性强、较为模糊的认知模式认为，语言的结构仅仅是词义极、音韵极和综合了这些元素的符号单元，并提出了一种使用的基本模式，即从海量的语料中归纳出句子的范式。日语的传统教学方式与之截然相反，老师们常常采取先说句式，再举例的方式，让学生来造句。

忽略日语文化和社会因素的语句，就会变得生硬和中国式。例如，把"借花献佛"译为日语时，若仅注意句型，而忽略了日语中"佛"一字"归天者"的含义，就会使日语本族人产生误会和不满。所以，要让学生多阅读课外读物，如日文报刊、小说，并从中搜集有关句子类型的实例，以使他们能更好地理解。

能够熟练运用所学的语法，并能理解特定的社会、文化，如语言、词汇等，使其成为日语的思考模式。

第二部分，从认知文法的角度来看，它在日语教学中具有重要的意义。产生文法认为，当产生句子时，可以根据规则运用文法。但是，在认知语法中，它并没有对语法与词汇做出清晰的区别，只把它们视为一个有阶段性的内容。这一原则对于传统日语的词汇和语法观有很大的帮助，可以帮助学生在日语词汇和语法的学习中，增强他们的逻辑思维。

（二）认知语言学中的隐喻在日语教学中的应用

乔治·雷科夫认为，隐喻不仅是一种修辞手段，而且在认知语义理论中也是一个非常重要的研究领域，它的内涵要比直喻更加凝练和含蓄。人们普遍认为，隐喻是人们运用类比能力来理解范畴的功能和原则的最根本的认识方法。

在古代和现代文学中，隐喻被广泛地运用，具有很强的感染力。日语中，一般采用"主语+主格+表语+判断"的形式来表示隐喻，不采用"如""像"等一些常用的辅助词语。日本著名作家志贺直哉《暗夜行路》一书中，谦作向外公的女仆说："生命就像一场旅程，你不跟我一起去旅游？"女佣说："无论怎样努力，都没有希望。"谦作说："夜愈深，晨曦愈临。"有些句子，连隐喻都不能看出，正如佐藤春夫《田园的忧郁》中所写的"我庭院中的紫堇花"。这是一个男人爱上一个人时，内心的复杂。在这首诗里，他又说："望窗外，见一头雄鹰在天上，不怕大风。"他用比喻来表现自己对雄鹰的渴望，而不是对大自然的描绘。在日语语言能力测验中，隐喻常常被用于阅读和听力测试。

隐喻与人们的世界观有着紧密的联系，与听话人的心理状态相匹配的隐喻则能引起人们的共鸣，从而产生巨大的影响。传统日语教学法只注重表面意义、句法、词汇，忽略了认知语言学中的隐喻教育，这与日本语言和文化风土相符，致使学生对日语文章和日语对话等知识缺乏了解。所以，在日语教学中应该引入隐喻思维，培养学生深入了解日语，并能顺利地通过语言能力考试、阅读日本节学、使用日语进行对话。

（三）认知语言学中的构式语法理论在日语教学中的应用

结构文法是一种语言学的视角，它把文法看成是一种习惯性的集合，而产生文法是一种语言学的观念，它把文法用词项和综合词项的规律性记录下来。结构语法学说认为，从诊断语这样的固定形式到 SVO（SVO，日语中的 SOV，主宾语）构成了一个连续的结构。在日语中，它的具体表现为："超"等前缀形式；后缀形式素，例如"的"；"吴越同舟"等熟悉的用语；双宾结构，即主语+动词+宾语1+目标2；被动的，主语+助词+动词。对于以上日语的核心文法，我们只能从结构句法的角度进行抽象归纳，从而更好地了解问题的实质和加深记忆。

从认知语言学的角度来看，认知语法、构式语法等认知语言学理论在日语英语教学中并未否认"词汇""形态""统语"等现象。认知语言学的理论是很抽象的，因此，在教学中，如果只是简单的背诵，很难使学生明白。

（四）认知语言学中的范畴化理论在日语教学中的应用

从爱乐诺亚、罗素等人的角度来看，认知语言学的范畴化问题是认知语言学出现的一个契机。他们提倡原型理论、基本层面范畴等概念，以此来说明语言，代替古典范畴的观念，这种观念是由全体成员共有的属性来决定的。他们认为词语的含义与其所使用的典型情况、百科知识——也就是世界的知识相联系。

查尔斯·菲尔墨亚等人的构词义论和乔治·雷科夫的"理想化"理论都是建立在这一理论之上的。人的认知资源是有限的，而范畴化则能获得尽可能多的知识。范畴化是通过下列程序来实现的。

第一点，是用眼睛看到的物体模式。例如，"主语+宾语+谓语"是一种典型的句式，它对把握日语的实质是有益的。

第二，通过对已有认识的信息进行长时间的回忆。如果你在读日语的新句型时，可以根据以上日语的基本句型进行长时间的记忆，来获取主语，谓语，宾语。

第三，选取最接近目标的回忆。例如，在日语语法教学的关键时态中，选取16个与之最相近的英语时态进行比较。

第四，关于客体的属性。例如，日语中的汉语词汇较多，要正确地按照日语的习惯来推断日语中的词义，就可以对它们的位置进行适当的排列。

第五，从经验丰富的经验中，通过典型、相似的方式，形成典型的事例（范例），并运用这种范式来构成类型化。越是典型的案件，范畴化能力越强，就越好记住。在日语教学中，应运用典型的类型化方法，掌握容易混淆的词汇。只要把"重箱"和"汤桶"这两种经典的读法背下来，问题就会迎刃而解。

所以，在日语课堂教学中，应引入以上四大核心知识，并进一步抽象概括产生语法的知识，从而把握日语的本质。在准备课程时，教师可以根据日语认知语言学的有关理论，对教材中的文法点进行补充，从而达到提高课堂教学质量的目的。

第二节 认知负荷理论

一、认知负荷理论概述

(一) 认知负荷理论的相关认知

1. 认知负荷理论的定义

美国心理学家米勒在精神负荷和心里负荷两方面做了很好的工作。后来，澳大利亚新南威尔士大学的约翰·斯韦勒在研究学习资料与教学方式对学生的概念理解和认知过程产生的影响时，提出了"认知负荷"的概念，并在教育中得到了广泛的运用。认知负荷理论的产生源于米勒关于工作记忆的思考，以及其早年的研究成果。

约翰·斯韦勒把这个理论看作是研究复杂学习中，如何有效地利用和控制学习者的知识，以及在分析学习中处理和吸收知识。

2. 认知负荷理论的研究基础

认知负荷理论是基于有限的认知资源理论，图式理论，工作记忆理论。有限认知理论包括单一资源与多资源的概念，在资源配置上也存在着"此多彼少"的问题。

赖曼认为，图式是储存在长期记忆中的一种特殊的知识结构，也是一种思维活动的架构或组织架构，可以帮助学生将问题的解题状态分类，并决定最佳的作业行为，反映出某种知识的本质和规律，并根据这一类别的知识进行分类。图式理论认为，对知识图式进行分析、分类是一种无需刻意控制、不耗费资源的自动化处理，能够有效地解决工作记忆能力的不足。人的认知结构包括：感觉记忆、工作记忆和长期记忆．感觉记忆是指感知输入的信息，例如，视觉和听力。工作记忆是信息处理的重要场所，工作记忆能力有限，一般在一段时间内接收、处理、加工或储存 7 ± 2 个单位的信息。

"组块理论"认为，尽管只是一个单位，但它的信息是动态的，它的信息量是可以被调节的。

长期记忆中的知识结构是以图式为基础，或者以系统的形式存在，而图式是复杂的、自动化的，利用图式可以将长期记忆中的长期记忆抽取到工作记忆中，并对其进行处理。

当将图式中的信息输入到工作内存中时，所调用的全部数据只是一个数据块。同样，学习的资讯加工理论也表明，个人在进行学习时，首先会在外界环境中发现讯息，然后通过感觉性记忆，进入短期记忆（工作记忆），然后进入长期记忆空间。

长期记忆是学习的核心，只有把长时记忆的内容进行修改或增加，才能使其成为持久的学习。

3. 认知负荷的定义

认知是个体获取知识、解决问题的行动与能力，也就是处理信息的过程与能力。由于认知负载的多维性、复杂性和内隐性特征，至今对其概念的界定还没有统一的认识。

作者在此并非试图界定其认知负荷，而是从其自身的研究视角出发，对其进行了归纳。

认知负荷的概念可以分为理论和实践两个层次，理论上是从实验的角度来界定，而在实践上则是从实际应用的角度来界定的。

在理论上，从能力的观点来看，认知负荷是对被加工的信息进行处理的心理能力；从心智角度来看，心智负荷是指学生在心理上所花费的精力，包含个体感受心智努力和心智负荷的负载状态；从心理能量角度考虑，认知负荷是指处理一定数量的信息所需的心理能量，其程度与被处理的信息的量有关；从心理学的观点来看，认知负荷是指在学习过程中，为完成认知任务所必需的心理资源。

在实际工作中，人们对其概念的界定主要有两种：一是界定了工作记忆的概念，即工作记忆；第二，注重动态概念的界定，运用动态概念，如投入、协调、感知和经验。

4. 认知负荷的教学效应

认知负荷类型可提供组织式的教学效果，以便于中心行政人员运用，包括目标自由效应、范例效应、完成问题效应、分散注意力效应、形式效应、想象效应、独立交互因素效应、元素交互效应、变式效应、专业知识反效应、指导隐退效应、几余效应。

（1）目标自由效果是指以目标自由为主题，取代传统的以学生为对象的主题。

（2）范例效果是指用已解出的范例取代必须仔细研究的常规问题。

（3）完成问题效应是指用一个要完成的问题取代常规的问题，在问题中给出一个局部的答案，剩下的由学生来完成。

（4）分心效应是指以一种综合的资讯来源取代多个资讯来源，通常是以图画形式出现，并附有文字。

（5）形式效应是指以文字说明及各种可视资讯的形式，取代文字、图形等单一的视觉资讯源。

（6）想象效应是让学生以想像或精神训练的素材取代常规的额外学习。

（7）互动性因素影响是指在展示高互动性的要素时，首先将部分独立的要素展示给学生，然后将完整的素材展示出来。

（8）元素交互效应是指在使用较少的要素相互作用的物质时，如想像效果等的教育效果会消失，而在使用较高的要素相互作用时则会出现。

（9）变式效应是指在各种变数情形中，或增加变数和任务的呈现方式，定义特征的显著性，任务操作的环境状况。

（10）专业知识反效应是指在初学者掌握了更多专门知识的情况下，对初学者而言是行之有效的教学方式，甚至会起到反作用。

（11）指导隐退效应随着以知识为基础的中心执行者的发展，以教学为基础的中心执行人员逐渐退出，而当专长增加时，可以用局部完成的范例取代完整的范例；而且，当专家的经验越来越丰富时，可以用问题来替代部分完成的例子。

（12）几余效应是指将各种自洽信息来源替换为一种信息来源。

（二）认知负荷理论的理论基础

基于人的认知结构特征，基于认知资源的有限和图式理论，本节认为：①工作记忆是信息处理的主要场所，其能力是有限的；②当一个人的认知系统处理的信息超过了工作记忆的能力时，他就无法处理这些信息，也就是所谓的"过载"；③将信息作为长期记忆的图式存储起来，而高自动化图式的激活不会占用认知资源。

认知负荷理论把学习的过程看作是图式的生成和自动生成，是图式数量的增加和图式结构的精化。

1. 资源有限理论

"资源"是卡曼尼在心理学家的指导下提出的，它又被称为"有限能力"或"资源分配"，它所指的是关注和认知的资源。这一理论认为，人的认知资源是有限的，如果在同一时间内进行多项活动，必然会导致认知资源的配置问题，而且在这种情况下，资源的配置常常遵循"这一多一少、总量不变"的原则。

根据这一理论，认知负荷理论认为，工作记忆所能提供的知识资源是有限的，也就是说，工作记忆的能力是有限的，而且还存在着容量分配的问题，如果处理的信息超过了工作记忆的能力，那么新的信息就会被忽略，从而导致了认知过载。

2. 图式理论

"图式"是康德最先提出的概念，它把知识表达的基础单元看作是图式。图式理论认为，图式的形成是把许多信息要素合并为一个信息单位，从而使一个图式具有多种信息。因此，图式理论认为，长期记忆中的知识信息若能以图式的方式存在，将会降低工作记忆中的信息处理次数，从而为工作记忆提供更多的信息处理空间。基于这一观点，认知负荷理论认为，通过建立和实现图式的自动化，可以减少工作记忆的负担，使工作记忆得到解放，促进信息的高效处理，提高学习的效率。

（三）认知负荷的类型及其影响因素

影响学生认知能力的因素包括：学习材料的复杂性、学习材料的组织和呈现方式、学习者的已有经验或专业技能，也就是以前的知识。

认知负荷按来源及对图式构建的影响程度不同，可分为内在认知负荷、外部认知负荷、关联认知负荷、原发性认知负荷、非关性认知负荷、相关认知负荷。三种载荷的总和，总是有不同的效果。

1. 内在认知负荷

索伊弗特认为，学习任务的复杂性所引起的内部认知负荷是外部因素所决定的内部认知负荷，而由图式所确定的内部认知负荷则是内部因素所决定的。

学习内容的本质和学习者的知识体验程度是影响内部认知负担的重要因素。学习材料的特性，也就是学习材料的复杂程度，它涉及到的元素的数量和相互作用，更多的元素交互作用，更复杂的物质，更难的物质，会让学习者产生更大的心理负担。但是，对于同一学习资料的困难程度，不同的学习者会产生不同的感觉，从而产生不同的内部认知负荷。

知识体验高的学生比低层次的学生感觉到的学习资料更容易，内部的认知负担也更少。由于内部认知负荷的大小取决于学习资料的特性以及学习者的知识体验程度，因此在一定的情况下很难发生变化。

2. 外部的认识负荷

外部认知负荷又称为非有效的认知负荷，它是影响学习的外部因素。外部认知负荷与学习资料的组织与表达方式相关，外部认知负荷是学习者参与与图式获取或自动控制无关的活动。

外部认知负荷来自于教材的不恰当的表现形式和教学设计，教材的组织、表达和学习活动的不当，也会造成不必要的负荷。

外部认知负荷不仅不能促进学生对信息的处理，而且还会妨碍和妨碍学生对知识的理解，从而影响到学生的学习。但是，由于教学设计是可以变化的，因此，外部的认知负荷也是可以被控制的，因此，我们可以适当地安排教学，减少外部的认知负担，例如，当学习材料跨膜的方法时，如果单纯用文字或者用语言说明的方法，会增加学生的认知负荷，但是，如果把这种观念用文字或者语言说明的形式展现出来，可以减少学生的外部认知负荷。

3. 相关认知负荷

在此基础上，根据认知策略所产生的有关认知负荷又称为"有效认知负荷"，其作用取决于学习者的建构图输入和元认知策略。在学习过程中，学习者将其剩余的认知资源运用到更深层次的认知处理中，如重组、抽象、比较、推理等。

在巴德利的工作记忆模式中元认知为中心执行者，也就是对认知资源的监控。

瓦尔克从相关的认知负荷出发，提出了元认知负荷，它是指学习者在工作记忆中分配、监控、协调和储存的过程中所需要的心理资源。

相关认知负荷是一种能帮助学习者建立新知识的认知负荷的教学设计。相关的认知负荷有助于图式的构建，并对图式的自动化起到关键的作用。当有足够的认知资源时，利用剩余的认知资源对学习过程进行调节，从而促进学习者进行深层的图式构建。如果在概念说明中恰当地加上相应的支持例子，可以帮助学生更好地了解概念。因为相关的认知负荷是由教学设计造成的，因此其具有一定的可变性。在教学过程中，可以适当地增加有关的认知负荷，使其更好地理解概念。

三个认知负荷之和是全部的认知负荷，而工作记忆中的认知资源是有限的，资源的配置是"此多彼少"，因此，在认知资源足够或者内部认知负荷和外部认知负荷较低的情况下，可以增加更多的相关的认知负荷，用于重组、比较、推理等高级信息处理。在教学过程中，如何有效地控制三种负荷，合理配置认知心理资源，是一个值得研究的课题。

（四）认知负荷的测量

认知负荷是一种内隐、复杂的过程，因此，要从多个方面进行认知负荷的测量。近年来，国内外学者对认知负荷的测量提出了多种测量手段，目前已有的测量认知负荷的方法包括主观测量、生理测量和任务绩效测量。

1. 主观测量法

根据学生的学习任务难度、学习者的努力程度等因素对学生的心理资源使用情况进行了分析。学生在学习过程中所投入的心理努力、学习材料的难度、学习时间的压力等都可以用调查问卷来反映。

主观测量方法简单、操作简单，无需特殊的仪器，便于掌握。同时，由于该方法是在学习者完成学习过程之后进行的，因而不会对学习过程产生任何的影响，而且容易被学习者所接受。

2. 生理测量法

生理测量法是一种利用相关的仪器，对学生的认知负荷进行评价的一种方法，包括心脏的变化、大脑活动、眼球活动等。这是一种间接的测量，其结果更客观、更精确。

生理学测量技术可以对学生在学习过程中的各种心理活动进行持续的测量，并能显示出不同于其它测量手段的具体变化趋势。但是，生理测量方法并不能保证完全准确，比如，在测量时，人们会产生一些与认知负荷无关的环境、情绪等。另外，生理测定方法还需使用昂贵的仪器和测量方法。

由于测量方法难以掌握，测量资料难以掌握，因而很难采用生理学方法来进行认知负荷的测定。

3. 任务绩效测量法

任务表现测验是一种对学生在完成一项任务时所产生的认知负荷进行衡量的一种客观的度量方式。

（1）单一的工作。单任务度量法是通过对学生在某一项工作中所取得的成绩来衡量其认知负荷的一种度量。这一研究结果表明，当学生的认知负荷增大时，所消耗的认知心理资源也会随之增长，从而导致学生的工作效率降低。

任务的正确率、错误率、反应时间、完成时间等都是衡量任务质量的重要指标。由于学习任务的内部机理是十分复杂的，所涉及到的各种心理资源也是千变万化的，因此很难用单一的一项或几项指标来全面地反映出这一任务对学习者的认知负担。

（2）两项工作的测定。双工测验是一种对学生在一段特定的时间里，同时进行两个作业所引起的认知负荷的测量。主要任务是指学习者在学习过程中所投入的精力较多的工作；第二类任务是指学习者将其剩余的能量用于完成的工作。这两个任务的资源来源都是一样的，为了完成这两个任务，他们必须把资源分成两个部分，然后根据他们的表现来决定他们的认知负担。但是，双重任务测量方法也有其局限性，当主要任务被执行时，它们会互相影响，从而影响测试的效果。

采用单一的测量手段来衡量真实的认知负负荷状况是困难的，在实际应用中，可以针对不同的目标选用不同的测量方式，也可以采用多种方式进行组合，从而得到不同的测量值，提高了测量的精度。

二、认知负荷理论在日语教学中的应用——以基础日语课程教学设计为例

（一）认知负荷理论对教学设计的指导作用

从认知负荷理论和教学实际出发，可以看出三种不同的认知负荷特征。

1. 内在认知负荷的可变性

目前所见的以认知负荷理论为基础的教学设计研究，仅有近年的一些学者提出了从内部认知负荷分离、分层解释、提供先行组织者、利用通道效应等方式来减少内部认知负担，而更多的则是在减少外部认知负荷和增加关联负荷方面做文章。事实上，内部的认知负荷在教学中也是存在着变化的。这一变化有两个方面。

一是选择教材。在实践教学中，学生的学习资料是有选择性的，老师可以根据自己的意愿，选择不同的教材来组织教学活动。因此，在选择教材时，应尽量选择编排合理、简明扼要、学生已掌握的有关背景知识的素材，以减少学生的固有认知负担。在教学设计中，可以提前安排作业，注重层次和条理，减少学生的内在认知负担。

二是学生群体的多元化与可塑性。由于不同的学生，在同一学习目的、学习内容等方面存在着差异，导致了不同的认知负担。这就需要教师根据具体的学情情况，根据一般的认知能力来制定适合大部分学生的教学方案，同时兼顾重点和难点，力求达到最好的教学效果。

另外，学习能力的提升也是一个动态变化的过程。随着学习内容的加深，学习进程的推进，学生由"新手"到"老手""专家"，其内部的认知负荷水平也随之上升。所以，积聚的重要性再次显现。

2. 外在认知负荷的可控性

认知负荷理论认为，通过优化教学的设计和表现形式，可以减少学生的外部认知负担。在国内，关于认知负荷理论的研究多集中在这方面。减少学生的外部认知负担，要求分阶段、分步骤地进行教学，并注意到多项效应。这就是为学生提供一个基本的知识结构，将教学目标分解为各个小的目标，减少不必要的附加和例子，避免不必要的内容会影响到学生的认知能力。

3. 关联认知负荷与其他两种认知负荷的相关性

相关的认知负荷与内部及外部的认知负荷之间存在一定的联系。正如前面提到的，学

生的学习是一个不断变化的、不断累积的过程。

累积的次数愈多，则会建立更多的图示及认知结构，其自动化程度也会随着相关认知负荷的增加而加速；所以，若不是以一次学习为对象，而是以一段时间作为研究对象，则可以发现，若相关认知负荷在每次学习中都能维持较高的程度，则随着课程的进行，其内部负荷将会逐渐减少。

此外，学习者对所学知识的兴趣程度也会影响到相关的认知能力。运用大量的素材和表现方法来激发和维持学习者的学习兴趣，可以有效地增加相关的认知负荷。但是，如果"丰富"过多，就会成为"冗余"，进而导致学生的外部认知负荷占据了认知资源。所以，要把握好"度"，就显得非常关键。

总之，三种认知负荷之间存在着一定的联系。所以，在这种指导下所提出的教学策略不必一一对应于特定的负荷。一般而言，一个战略的作用是减少内部和外部的压力，而不是同时减少内部和外部的压力。

迈耶在2002年根据认知负荷理论、双重编码理论、建构主义理论，提出并论证了"多元表现""接近原则""协调原则""通道原则""冗余原则"等五条基本原则。除了仅以减少外部认知负担为目标的冗余原理外，其它四个准则都是为了减少内部及外部的认知负荷，并增加有关的认知负担。很明显，这五个基本原理的提出对于教学实践具有较强的指导作用。

（二）认知负荷理论指导下的基础日语课程教学设计

1. 基础日语课程在日语专业教学中的地位

日语基础课是日语专业的基础课，主要面向初学者。要让学生在听、说、读、写、译等各个领域有扎实的基础，要让他们独立地阅读、深入地分析、用日语交流、有一定的写作、翻译能力，就必须从发音上进行全面、系统地、分阶段地教授日语，让学生掌握基本的语言和语言技巧。其两个学年32个学分的课时，在日语教学系统中占有重要地位。日语基础课程在日语本科教育中的应用效果是影响其教学质量的关键因素。

现在全国有400多所本科院校都设有日语专业，再加上一些外语学校和训练机构，日语的学生数量已经远远超过了小语种的范围。然而，与英语教学的理论与方法相比，国内日语教育的研究还有待进一步发展。由于日语基础课程在日本十分重要，因此对其教学的理论与方法进行研究具有十分重要的意义。

2. 认知负荷理论指导下的基础日语教学策略

目前，将认知负荷理论运用到日语教学中，尚无先例。本节旨在通过对认知负荷理论的深入了解，探索其对日语基础课的指导作用和实际应用，并结合我校日语专业日语基础课的教学实践，采用语言、图像、思维导图、动画、多媒体等多种形式，寻求一种新的、有效的方法来减少学生的外部认知负担，增加相应的认知负担，从而达到提高教学效果和教学效果的目的。

要想有效地控制学生的认知能力，就必须选择适合自己的教学材料。目前，日语基础课程的教科书种类繁多，教材的编制观念也各不相同。有些偏重于表面化、目标比较分散、信息量大、注重自主性、重视归纳总结、不重视语法系统的系统性；有些人注重文法的解释，条理清晰，但往往会让人过于专注于文法而忽视其它方面，从而失去了许多学习外语的乐趣；有些人注重拓展训练，强调学生的主体性，而对内容的讲解则太过简单，无法很好地解释学生在学习过程中所遇到的种种困惑。这就需要教师在选择教科书前，对多种版本进行细致的理解和分析，然后根据自己的喜好和特征选择合适的教科书。这种方法可以减少学生的学习困难，减少教材的内部认知负担，促进师生合作，增加学生的学习兴趣，提高相关的认知负担。选择好的教科书后，要从课前预习、课内、课后复习三个方面着手。教师在课堂上对学生进行预习，有助于建立教学内容的结构，并能有效地减轻学生的内在认知负担。

比如，日语入门课前，可以根据实际情况安排一些特定的预习作业，让学生能够掌握关键词汇，提前熟悉语法结构，从而减轻课堂教学中的心理负担。而且，将所学的知识运用于课堂教学中，能够使学生得到更多的成就感和满足感，进而提高他们的学习兴趣，增强他们的注意力，进而达到增加相关的认知负荷的目的。

课程教学的主要内容是教学过程中主要的几个环节。在引入过程中，要真正做到""导""人""教"。由于日语基础课教学的内容是全面、丰富的，因此，可以引入的教学形式和教学内容也是多种多样的。能引起学生兴趣的动画视频，日本传统文化，新闻等，都可以作为导入的素材。学习者的兴趣与其对认知资源的投入有很大的关系，因此，相关认知负荷的大小也会受到影响。所以，如何在教学过程中调动学生的兴趣，提高学生的参与程度，就显得非常重要。

在新知识的传授与训练中，应注重精练，避免过度的机械操练，消磨学生的兴趣与耐心。但是，由于日语的教学对象多为日语新手，因此，不能彻底消除机械式的练习，以免影响学习者的掌握与输出。另外，要重视"数余"效应，避免使用过多的案例和看上去很华丽的视频、图片、PPT，这些都会消耗学生的认知能力，并增加他们的外部认知负担。

而恰当的扩展和延伸可以激发学生的背景知识，有助于学生构建图式，从而使其实现自动化，所以，正确把握"度"就显得尤为重要。在教学方式上，采用小组讨论、互动教学等方式提高了学生的参与程度，强调了学生的主体性。在基础教学中，通过词汇、语法、动词的变形等方法，指导学生进行思维导图的绘制，使其能够更好地完成任务。

日语基础课程的扩展练习是以输出为核心的，它能为学生提供支持的素材与构架，通过对话练习、演讲发表等方式来促进学生的学习，从而提高教学效果。课外作业也很重要。课堂上的有效复习与实践能够促进"图式"的形成，促使他们不断地进行积累，从而提升内部认知能力的产生。在日语初级阶段，课后作业不可避免地需要背诵、记忆等需要机械练习辅助完成的部分。所以，对学生来说，掌握一种行之有效的学习方式是非常关键的。在这一阶段，教师应注重培养学生正确的学习方式，避免盲目的灌输。

因此，在教学设计、提高教学效果、提高学习效率、提高学生学习成绩方面，都具有重要的意义。这一部分从认知负荷理论出发，对日语基础教学策略进行了初步的探索，并在教学设计中的各个环节提出了自己的看法。但是，作者在研究中发现，认知负荷理论和建构主义的学习观念在某种程度上是互相约束的，而在具体实施时，要把握好"度"，而"度"的把握，则要从教学实践中一步步地积累经验。

第三节　建构主义理论

一、建构主义理论概述

（一）建构主义学习理论的相关认知

建构主义是以学习和知识的关系为研究对象，建构主义强调学习主体的主观能动性，而学生则以已有的知识为基础，以原有的认识建构新的知识。把建构主义理论和中学英语词汇教学有机地结合在一起，既可以有效地提高课堂教学的效果，又可以促进学生的自主性，为以后的发展打下良好的基础。

1. 建构主义学习理论

建构主义是研究事物结构、结构起源、结构是怎样构成的一种哲学方法。建构主义学习理论主要关注的是学习如何发生、意义如何建构、概念如何形成、如何形成、学习环境应该包括什么要素等。

（1）关于理论的渊源。建构主义的学习理论是以建构主义的思想为基础，发展起来的一种更为有效的学习方法。建构主义的产生源于儿童的认知发展学说，它认为学习者是学习过程中的主要加工方。

皮亚杰是一个具有代表性的认知发展学说，他指出，儿童通过与周围环境的交互作用来认识和理解这个世界，而对这个世界的理解则有两种：同化和顺从。同化是指在外部环境的变化下，孩子原有的认知结构可以接纳新的东西，新的知识会被整合进自身的认知结构中，这时的认知结构形态不会发生变化，而是逐步地产生量变；适应是在外部环境的变化下，幼儿已有的认知结构不能接纳新的东西时，需要对原有的认知结构进行相应的调整。

维果茨基提出了"近期发展区域"的认知发展理论，他指出，目前的学生和较高层次的发展水平之间的差距，即近期发展区。在此背景下，教师可以利用课堂教学来激发学生的潜能，让他们跨越这一鸿沟，达到更高的发展层次。在课堂上，教师可以借助"脚手架"的作用，帮助学生跨越与老师之间的鸿沟，达到更高的认识层次。这一理论在建构主义的指导下，对"托架"的形成起到了重要的作用。

两种学说的共同点是，他们都把学习者作为学习的主体，从而确认学习者的主观能动性，这正是建构主义学习理论所强调的。

（2）主旨。建构主义学习理论强调学生主体地位，强调学生主观能动性的培养。建构主义的学习理念与传统的学习、教学理念相区别，使"教"的教学方式向"学"的方向发展，对教学设计起到了积极的指导作用。

建构主义学习理论指出，学习过程并非是被动地接受，而是通过"一刺激一反馈"学习、归纳等方法来总结新的知识，从而实现学习的全过程。

2. 建构主义的特点

建构主义是皮亚杰首次提出的认知理论的一个分支。建构主义既是一门学习与知识的学说，也是哲学、心理学、社会学、教育学等学科的重要组成部分。心理学家冯格拉泽费尔德也承认了教育建构论，并提出了一种激进的建构主义思想。

建构主义的观点是：培养学生独立思考，分析问题，解决问题的能力。建构主义学者们非常注重学生的自主学习，他们相信学生在老师的指导和监督下是学生学习的关键。

墨菲指出，建构主义教育应具备下列特征。

（1）"以人为本"的教学方式，让学生有机会、有条件地去探索、去发现。

（2）为学生提供多种实际教学资料。

（3）作为指导员、监督者、促进者、和辅导员。

（4）师生协商的目的。

（5）通过小组讨论、合作学习、自主学习等方式进行知识结构的构建。

（6）为确保真实的复杂性，提供主要的数据

（7）集中精力解决问题，具有较高的思维水平和较强的理解力。

（8）鼓励犯有错误和思考的思想。

（9）促进学生对事物的探究与发现。

（10）如有需要，应设置"脚手架"。

（11）考试要实事求是，要与教学相结合。

建构主义主张学生是课堂的核心。另外，知识的获取并非来自于老师的传授，而是来自于学生的建构。但是，在课堂教学中，教师的作用依然很大。在教学中，教师的作用主要是组织者、引导者、促进者、指导者。

（1）在教学过程中，教师要对教学材料和学生进行分析。

（2）教师在教学过程中要针对学生的特点进行教学设计。

（3）要充分调动学生的学习兴趣，引导他们积极地进行知识的建构。

（4）教师要让学生有新的想法。

（5）教师要对学生的求知欲加以保护。

（6）为学生提供实践指导，使学生能自行解决问题。

（二）建构主义理论下的基本教育观

建构主义是一种具有认知和学习的哲学。从某种意义上说，它是对传统认识论的一次革命，也是对它的一次挑战。在教学和学习过程中，建构主义的知识观、学习观、教学观、评价观等都深刻地影响着教育教学。

在建构主义的知识观念中，知识的概念是："在已有的知识经验、信念的基础上，积极地选择、加工新的信息，从而建立自己的认识，并通过新的知识的输入，来适应和修改已有的知识经验体系。"学生是一个独立的个体，有自己的思想，自己的观点，对于知识的构建也要建立在自己的经历之上。知识的获取绝非简单的"拷贝、粘贴"，它是一随着社会的发展不断地构建知识的过程。

建构主义学习理论认为，学习应该以学生为中心，在老师的引导下进行。在学习的过程中，学习者不仅要主动地构建新的知识，而且要不断地重构个人原有的体验。

也就是说，在学习的过程中，要不断地编写知识，根据自身的需求，主动地选择、加工和处理知识，从而建立起自己独特的知识体验。教师要在课堂教学中构建情境、合作、

对话、意义等多种因素。"创造一个与真实的环境相似的环境，让学生经历假设、尝试和探索，并通过师生的对话，选择、加工、处理、分享每一个学习者的思想成果，从而实现意义的构建。"

建构主义的教育观强调学生的主体性、选择性，不能简单地"灌输"学生，而应以学生的知识和经验为依据，构建自己的新知识体验。

在建构主义的评价理念中，评价的核心是由"结果型"向"流程型"转变，使评价主体多元化、方法情境化、内容全面化。

（三）建构主义理论影响下的教学课堂

1. 基于建构主义理论的教学设计原则

（1）强调以学生为本的建构主义理论，强调"以人为本"的教学设计理念。

这一基本原则可以分为三个部分。

首先，要使学生的学习积极性得到最大程度的激发，从而体现出学生的主体性。其次，老师要给学生充分发挥自己在各种环境中所学到的知识的各种机会。教师要培养学生对客观事物的认识，并在实践中寻找解决问题的方法，再进行自我回馈。

（2）建构主义强调合作学习在意义建构过程中的重要角色，指出学习者与外界的交互关系是理解学习内容的重要因素。

所以，在课堂上，同学们要互相交流，在老师的组织和引导下，建立一个学习小组。透过这个合作式的学习氛围，整个团体，包括老师与每位同学，都能分享他们的想法与智慧。更准确的说，是由全体学员组成，而非一名或数名学生共同完成所学知识的意义建构。

（3）建构主义强调学习情境的建构主义认为，学习情境是学生在学习情境中自由探索、自主学习的空间。

另外，在学习过程中，学生可以利用各种工具，如文木材料、书籍、视听资料、多媒体课件、网络等，从而达到自己的学习目的。教学环境就是为学生提供支持和鼓励的场所。总体而言，在建构主义的指导下，教学设计应以学习情境为导向，而非以教学情境为导向。

（4）强调"语义构建"是学习过程的终极目标。

在建构主义的学习情境中，强调了学生作为认知的主体的地位。所以，他们以构建"意义"为终极目的。他们认为，教育设计往往不以分析教学目的为出发点，而应从营造一个有利于学生的环境中去构建意义。在"意义建构"的指导下，教师的指导、自主探索、合作学习和教师辅导等教学设计的实施都是以此为核心的。因此，在教学实践中，一切活动都要以"本中心"为导向，从而使学生能够更好地理解知识的内涵。

2. 基于建构主义理论的教学方法

大体而言，老师分为三类：解释者、参与者和促进者。第一类老师对于神话知识的理解是非常有限的，依靠的是解释和教学。第二类老师了解课程内容，能够传授童话故事。第三类老师了解学生在课堂上的思维方式和感受。按照建构主义的原理，最佳选择是第三种。教学是通过降低外在的控制来逐渐增强学生的自控能力。

师生地位是一样的。在课堂教学中，教师和学生的协作应该得到充分的重视。建构主义强调个人的发展和教师的外在引导。从传统的知识传递者到组织、引导、帮助者、助推者，以协助学生完成知识的构建。

在教学过程中，教师要培养学生运用认知处理的能力，培养他们的学习能力。学生在学习过程中扮演着积极的角色，也扮演着主动的建造者。教师应当运用新的学习方法、新的认知处理策略，并探究和发掘知识建构的重要性。课堂教学是情景化的，教师要营造一个有利于学生自主实验、探索、合作、研究、完成作业、对问题的全面了解的良好环境。

在评估系统中，从单一的标准、单一的考核向自省式的学习转变。学生要进行自我监督，自我测试，自我检查。

在建构主义的基础上，提出了以"学习为中心"的教学模式。在整个教学过程中，教师扮演着组织者、导游、助教等角色。运用情境、合作、对话等环境要素，激发学生的主动性和开拓精神，以实现对所学知识的有效建构。

以下是三种特定的教学方式。

（1）以托架形式进行教学。苏联心理学家维果斯基提出的"近期发展区域"的概念是"托架"。托架式教学应该为学生构建知识的认知结构提供一个基本的框架。该架构的理念是为了让学生更好地了解问题。为了使学生逐渐加深对任务的理解，教师应该事先将复杂的学习任务进行分解。建筑学家把观念架构比喻为"脚手架"。他们相信，脚手架的功能就是通过支持，使学生的智慧不断提高，从而使教育领先于发展。

脚手架教学包括：搭脚手架、进入环境、自主探索、合作学习和评价。在第一节脚手架课中，老师要根据学生对学习对象所处的地理环境的需求，构建起一个概念性的框架。在第二节脚手架课中，老师要将学生引入到一个特殊的问题环境中，也就是概念结构中的一个节点。在脚手架教学中，教师要给予学生充分的自主探索的时间，学生要探索的问题是，确定与某一特定概念有关的属性，并按其重要程度进行分类。

另外，在探究开始时，老师要先提出或介绍与之相似的观念，以启发与指导，再由学生作出分析。

在探究的过程中，老师能适时地给予学生一些提示，使他们能够在基本的概念框架下进行探究。一开始，教师可以给予学生更多的帮助，而不需要太多的协助，让他们有更多的自由发挥空间。最后，在没有老师的协助下，应该尽可能地促进学生对概念构架的研究。在第四节的脚手架课中，同学们要进行小组讨论，并转变看法。讨论的结果会使现有的观念变得更加固定，从而使这些属性的顺序发生变化。而且，这样做可以让前者更为清晰和一致。

总之，在交流思想的过程中，学生能够更全面、正确地理解现有的学习观念。即，让学生在学习中完成其意义的构建。在脚手架教学中，对学生的学习成绩进行了评估。评估分为学生的个别评定和个别的学习团体评定。评估的内容主要有三个方面：自我教育、团队协作学习对学生的贡献、学生是否利用现有的知识进行意义建构。

（2）"停滞不前"的教育。建构论认为，要实现知识意义的建构，就需要深入了解事物的本质与规律，了解自身与其他事物的联系。所以，最好的办法就是让学生亲身经历真实的生活，而不是去聆听这些经历。

具体来说，就是让学生从实际经验中学到东西。城市抛锚式教学旨在使学生有一种学习的需求，在一个完全的、完全真实的学习环境中，通过与社会成员的交流，来实现对目标的认识。

这样的教育必须是基于现实的事情或者现实的问题。使这样的事情或问题变得栩栩如生。因为一旦事情或问题被确认，整个教育的内容以及整个的教学流程就会被确定，就如同一只被钉在船锚上的船只。

锚定指示包括下列内容：

第一点，要创造一个场景。在本节中，老师要尽量使所学的内容与现实中的情形相近或者接近。

第二点，就是要确定问题。在此基础上，要求学生从现实生活中选取与当前学习话题有直接联系的实际事件或问题。这会让学生们面临一个必须立即处理的问题。被选中的事件或者问题就是锚点，而这一段的作用就是锚定。

第三点，就是自我学习。在课堂上，建构主义反对老师直接向学生说明问题的解法。他们建议老师要向学生提供有关问题的链接，并提供有关问题的答案，例如，需要搜集哪些资料，在哪里可以获取有关的资料，在实际情况下如何处理相似的问题，等等。同时，还要注重对学生自主学习的能力的培养。

总结自学技能，建立学习内容表格、获得有关信息、材料、利用、评估等技能。第四节探讨了合作学习的问题。在本节中，同学们可以通过与他人的沟通与探讨，来加深对目前的情况的了解。

第五节为绩效评估。由于锚定法需要学生在现实中解决问题，因此，学习过程就是问题的解决过程，它能最直观地反映出学生的学习成绩。

（3）随机化。随机访问法是一种以建构主义为目的的教学方法。学生可以在不同的学习方式下，从不同的视角去认识和理解同一个问题。这就是所谓的"随机访问"。

本节从建构主义的角度对随机访问教学进行了研究。这一理论旨在促进学生的理解与转移。根据学生的学习需要，学生的学习时间和学习目标，进行随机访问教学。

也就是说，这些需求都是基于认知的弹性理论。因为事物的复杂性、问题的多样性，很难完全了解和掌握事物内部的本质以及与之相关的东西的互动。因此，要真正全面、深入地完成所学知识的涵义结构，从多个视角去思考，才能使学生对其有不同的认识。要想战胜此疾病，就必须在不同的时间、不同的目的对学生进行不同的教学。

本课程的教学内容分为五大部分。

第一章为基础知识的概述。在本节中，老师要让学生了解与本课题有关的内容。

第二个阶段为随机学习。在本节，老师要向学生展示与本课题不同的、与侧向的特性相关的情境。在此阶段，教师要注意培养学生的自主性，并使其逐渐掌握自主性。

第三节是培养学生的思维能力。由于随机访问的内容非常复杂，所涉及的问题也是多种多样的，所以在进行随机访问的同时，也要注意对学生进行思考能力的培养。因此，在课堂上，老师要给学生提供的问题，不仅仅是知识上的问题，更应该是对他们的认知发展有益的问题。同时，要注重对学生思维方式的培养，对发散思维的培养，以及对学生思维特征的理解。

第四节为团队协作。在本节，同学们将从各个方面了解到的知识进行探讨，并对每位同学的意见进行研究。与此同时，每位同学都要考虑并反应他人的意见。

第三部分为学生的学习成效评估，主要分为学生的自我评估和团体评估。评价的内容和在脚手架指导法中的评价基本一致。

第四节 语用学理论

一、语用学理论概述

(一) 语用学的兴起和发展

语用学又称实用学，是对语言运用和规则进行研究的一门科学。美国著名的逻辑学者莫里斯于1930年提出了语用学这个名字，他指出符号学可以分成三大部分：符号关系学、符号意义学、符号实用学。

其中，象征实用主义是对符号和用户的关系进行研究。莫里斯的这一看法恰好符合语言学家的看法，他把符号学三分法引入语言界，并在语言学中形成了三种常用的名词：语法学、语义学和语用学。其后，在此基础上，经过各方学者的不断探索与发展，最终，《语用学杂志》于1977年在荷兰创办，使其成为一个独立的学科。

1986年，国际语用学协会成立，其在世界范围内的地位也逐渐被公认。奥斯汀，格赖斯，利奇，舍尔，列文森，威尔逊，这些令人欣喜若狂的成就，都离不开这些人的努力。

随着语用学的正式承认，语用学得到了迅速的发展，并得到了许多专家和学者的广泛关注。他们相信，语用学会是一个具有特殊前景的学科。二十世纪八十年代，语用学发展到了一个相当成熟的阶段，其研究的主题和领域也随之扩展，各种专著层出不穷。

语用的研究领域包括语境、言语行为、指示语、会话含义、会话结构等。

在深度上，语用学的研究内容是在不断地发展和深入的。比如，在语用原则上，格赖斯在1967年提出了"对话的协作"原则，并在此基础上进一步完善，其中一些言语故意违反了"合作原则"，这一点在使用语用合作原则上是无法解释的，因此利奇于1983年提出了"礼貌原则"和"次规范"。

斯帕波、威尔逊等人在1986年提出了基于认知理论的相关原理，1991年列文森全面地提出了格赖斯语的新用法，试图从语用主体两个层面全面地解释话语的意义，从而拓宽了语用原理的应用领域，尤其是在语言教学中。

随着语用学在世界范围内的认可和迅速发展，国内的语用学也开始了一股风潮。同时，大量引入了外国的语用学理论，促进了我国语用学的发展。

在此基础上，汉语语用学的研究主要集中在外语界，而随着语用学的发展和研究的深入，国内的汉语界也开始将语用学与汉语相结合，对其进行了研究。同时，将其与语言教学相结合，使语用学的应用领域得到了拓展。

(二) 语用学的定义

尽管语用学的研究历史比较悠久，但是很难给出一个确切的定义。一方面是因为这个理论的复杂性，另一方面，由于语用学是一个相对独立的学科，这个理论仍处于发展和深化阶段，而且随着研究的深入，仍然有许多未解之谜。

语用学是什么？何兆熊在其《新编语用学概要》一书中列举了上世纪七十到八十年代的十几条语用术语，它们或多或少地包含了一些与语用有关的特点，但却没有一个是全面而系统的、得到大多数学者和专家的认同的。

冉永平教授《语用学：现象与分析》一书中对语用学下了一个新的定义，那就是："语用学就是一门实用的语言运用。简单地说，语用学是对语篇在实际运用中的上下文含义进行研究，即在一定的上下文环境下，话语表达方式的正确选择与运用。

本节只对与语言教学密切相关的两种语用学的定义进行了详尽的阐述，下面这一定义者，一为王建华教授，一为王元华，王建华教授在其《语用研究的探索和拓展》中对语用学进行了界定："语用学是从语用的角度来探讨说、写者的语用含义，以及对语用意义的实现和变异的研究。即，语用学研究的对象是说话者和听读者。着重于语言运用的主要要素，尤其是语境对语言的影响；同时，语用学也非常重视语言工具的使用，并将其与语用的主体、上下文结合在一起。也就是说，语用学就是从说话者与听读者的角度以及二者之间的关系出发，来探讨人们在特定的环境中所使用的词语的意义，以及在一定的上下文中所具有的各种作用、它们之间的联系和出现条件。"

在《语用学与语文教学》一书中，王建华教授对语用学做了更为简洁的界定："语用学又称语言实用学，是一门关于语言使用和规则的学科，它是由话语、语用话语、语用主体和语境构成的整体，以话语的含义为中心"。

王元华教授则把语义学和语用学区别开来，并在此基础上界定了语用学，他认为："语义学是一种对已固化于语形中的传统意义的研究，即词典和文法的结合；语用学研究的是在特定的环境中，使用者在语义学中是怎样运用语义来达到交际目的的。

通过对语义学和语用学的界定和对比，我们可以看到王建华教授指出，语用学包括话语、话语主体和话语环境三大要素，话语是其核心内容，话语的含义即话语的外在含义和话语的内在含义。而王元华教授则认为，语用学的核心是语用学主体，他从新课程标准的思想出发，提出了以"语文教育"为基础的"人的教育"。在语文教学中，应注重学生的综合发展，注重在教学中进行自主探索。这种思想抓住了汉语教学的本质，符合新的语文课程标准，具有很强的前瞻性和科学性。

二、语用学理论在日语教学中的应用——以日语翻译教学为例

语用学首次出现在美国哲学家莫里斯《符号理论基础》中提出的符号学三分法中，它将符号学划分为符号关系学、语义学和语用学。语用学是对语言使用和使用者之间的关系进行研究的。近年来，语用学与翻译学、应用语言学等学科的交叉渗透和研究已经成为一种新的学科。目前，译者们把翻译过程中存在的问题称作"语用翻译"。这是一种与语义翻译相适应的新的翻译理论。

在日语翻译教学中，语用学重视语境、言语行为理论、关联理论等，有助于学生准确地理解原文，而提高日语学习者的语用意识是提高翻译质量的关键。本节从语用学理论出发，从语境、言语行为和关联理论三个层面，结合具体案例，对语用学理论在日语翻译中的应用进行了分析，并对其在翻译过程中应采取的相应的翻译策略进行了深入的研究。然后，根据这些研究结果，本节将语用学的相关理论运用到日语翻译教学中来。

（一）语境与翻译

语境是指在语言使用中所处的环境。在语言交流中，语境是正确地表达和理解话语意义的关键。

纽马克认为，语境是翻译过程中最重要的要素，它比任何法规、理论和基础词汇意义都要重要。在语用翻译中，要充分考虑上下文的影响，寻找上下文的联系，从而实现对原文风格、信息的正确、真实的再现。只有正确把握语篇中的语言环境要素和非言语环境要素，才能在翻译过程中认识和把握原文的意图，以达到目标语表达的精确度。不管翻译如何呈现，语言、环境和文化等各种环境因素都会对译文的精确度产生一定的影响。

语境对翻译的影响是无可估量的。译者应综合多种语用因素，合理地分析人们的语言运用，并正确地翻译原文所传达的各种意向。

（二）言语行为理论与翻译

奥斯丁的言语行为学说第一次把语言研究从语法的传统层次上剥离出来，并着重于从语言的现实出发，对语言的真实意义进行剖析。

在没有上下文的环境下，言语交际中的间接言语行为难以被理解。这是由于同一句在不同的上下文中能表达出不同的语言行为。同时，中、日两国的相同句型所表现出的言语行为也不同。

比如，日语中的反问常用于表达诸如"建议""邀请"之类的言语行为。在这一间接的语言行为中，话语的字面含义是另外一种含义。因此，在翻译过程中，翻译人员要充分运用上下文来了解这种语言，判断对方的真实意图，并将这种言语间接地表现为实际的言语行为，以达到语用语言的等价效应。

在翻译过程中，译者仅需要按照原文的字面意思进行翻译，因为语读者和听者还可以从上下文中推断出"拒绝"的语言行为。

日语中的一种表达请束，如果直截了当地问对方的要求，就会被视为失礼行为。因此，在翻译过程中要仔细分析其隐喻意义，以使译文能更好地传达出译者的意图。

日本人在赞扬别人时，尤其是下级对上级进行赞美的时候，通常会使用"受到恩惠""表示感谢"等方式。这是由于日语中的"礼貌"与语用"礼貌"是不同的，一些情况下，即使采用了敬语这样的礼节，也会让听众产生不愉快，从而成为日语的一种表现方式。

汉语和日本的语言在语言行为上有很大的不同。但因为日语刚学不久，许多同学还不能完全理解。教师应以实例说明汉语语言中的语用差异，使其在翻译过程中更加重视，以免受到母语的影响，从而造成语用错误。

（三）关联理论与翻译

文章从关联翻译的视角出发，探讨了在日语翻译中应该采用的一些翻译策略，以最大限度地降低和补偿"文化损失"。

1. 直接翻译

直接翻译是在译文中保持原文的意象。在原文与译文的认知语境中，若能发现同一或类似的文化意象，译者就可以采取直接译法。

我国传入日本的古代典籍很多，日本人也比较容易能接受古代汉语中的典故。两国读者在各自的认知语境中都存在着同样的语境前提，因此，译者通过直接翻译策略来表达自己的信息意图和交流意向。

2. 直接翻译添加注释

当译者在阅读过程中遇到某些困难时，为了使读者更好地理解，可以采取增加注解的方式。

3. 直接翻译加修饰语

如果在汉语和日本的认知背景下，同样的文化意象发生了文化错位，那么译者就可以通过直接的方式添加修饰语来达到译者的目的。

4. 直接翻译增加隐含意义

通过运用其它百科全书的知识，翻译人员可以在翻译过程中，为译文添加一些不为读者所熟知的文化意象。

5. 音译

在运用音译的方法来表达文化意象时，应使学生意识到其可被接受程度。另外，为了使译文的读者能够接受，还必须在译文中添加合适的注解。

6. 直接翻译和间接翻译的合用

遇到典故时，如果认为仅靠直译是不能表达其意义的，可以采取直接或间接的方法，即直接翻译和间接翻译。

日本读者如果把"举人"这个字翻译为日语，就很难理解了，因为这个文化意象是不存在于读者的认知环境里的。间接翻译可以为翻译提供一定的信息，以补偿仅仅依赖于译者信息的原意所带来的文化损失。在实际的翻译中，很有可能会遇到一些与文化有关的事情。因此，为了更准确地传达信息，我们必须灵活运用上述的翻译策略，以达到更好的交流效果。

第五节 元认知理论

一、元认知理论概述

（一）元认知概念的界定

元认知的概念是弗拉维尔首先提出的关于"记忆的记忆"理论。弗拉维尔认为，元认知是指个人对自身认知过程、结果和其他相关的认识。

元认知是指个人认识和调控自身的状况和进程。元认知是认知主体对自身心理状态、能力、目标、策略等方面的认知。元认知包含了元认知知识、元认知体验、元认知监测三个方面。

元认知知识是指人们对认知活动的认识，包括对认知活动的各种因素、各种因素的相互作用结果的理解。元认知知识通常存在于个人的尝试性记忆中，其特征是相对固定的，其作用是有意识的或无意识的。

元认知经验是指个体参与到认知活动中所获得的一种认知与情绪经验。主体可以清楚地觉察到或处于潜意识状态；它的内容可以是简单的，也可以是复杂的，它可以是对已知的经验，也可以是对未知的经验；它可能在认知活动开始前或之后的认知活动中出现。

元认知体验对学生的认知活动有很大的影响，积极的元认知经历可以激发学生的认知热情，发掘学生的认知潜力，从而促进学生的认知过程。

元认知监测是指个体在进行认知活动时，以自身所从事的认知活动为客体，主动地监测与调控。根据认知活动的进程，元认知监测策略可划分为制定计划、实施控制、检查结果和纠正四类。

（二）元认知理论的结构

对于元认知的结构，学者们也是众说纷纭。弗拉维尔认为，元认知的知识和元认知经验是元认知理论的重要组成部分。

元认知知识是指个人储存的与认识对象相关的、与各种任务、目标、活动和经验相关的知识；元认知经验是一种自觉的、有意识的、有感情的经验，它与智力活动相伴，并依附于它。布朗认为，"关于认知的认识"与"认知调控"是元认知理论的两个主要部分。"相关的知识"是指个人对自身的认知资源和学习环境的适应程度。实际上，"认知的知识"与弗拉维尔的"元认知知识"是一样的，它是指学生在试图解决问题时运用的一套调控机制，包括计划、检查、监督等一系列调控过程。

元认知理论包括元认知知识、元认知体验、元认知监测三个方面。两者互相影响，密不可分。

1. 元认知知识

元认知知识是个体对自身认知过程和结果产生的影响，以及它们相互影响的方式。其内容主要包括三个方面：第一，关于人的认识，也就是关于人的所有的认识。

（1）了解个人内部的差别。如果能够准确地了解自己的兴趣、能力水平、学习特点以及学习的限制，了解自己的哪些能力更好，等等。

（2）了解个人之间的差别。若能了解别人的认知特征和优势，了解自己和别人的不同之处。

（3）了解不同个人之间的相似之处。

第一，是通过对别人的自我反省，从而了解到一般的人类认知法则。比如了解人的理解能力有不同的层次等。

第二种是关于认知材料、认知任务的知识，在认知过程中，受试者会意识到材料的性质、顺序、熟悉程度、逻辑特征、主观方式等因素对认知过程的影响；在认知目标、要求等方面，认知任务的目标与要求也存在差异。

第三，关于认知行为的策略性知识，是指在完成一项认知任务时，认知主体所必须具备的认知策略。策略是一种有效的学习策略，它包括如何实现这种认识的目的、策略的使用、策略的优缺点等。认知主体、认知任务和策略三个层面的知识构成了认知主体的元认知知识。元认知是元认知理论的重要组成部分。

2. 元认知体验

元认知经验是指个体在进行某种认知活动时，所产生的一种认知和情绪经验。包括一些已经知道的经验，比如我觉得我很了解本节的结构；还包括一些我不知道的经验，比如我感觉自己完全不懂某个句子；内容可以是简单的，也可以是复杂的；在写作过程中，你会感到一种短暂的痛苦，然后很快就会消失，或者你会在很长一段时间里都会有同样的感觉。

可发生在幼儿的认知活动初期，表现为熟悉任务、困难任务、自信的经历；在认知过程的中间阶段，以目前的工作进度为主要内容，相关对象所面对的困难或阻碍；在认知的后期，它主要涉及到目标能否实现，认知过程的有效性和相关的经验。在认知活动中感到即将失败时的忧虑、对成功的预感、从成功中汲取经验、从失败中汲取经验、由此而产生的种种情绪，都是在认知过程中所发生的情绪体验。元认知经验通常是在那些需要高度自觉思考的工作中才会出现的，因为这种工作需要参与者提前做好准备，然后再做一次总结，再做一次战略选择，所以在这个过程中，人们可以有更多的时间去体会自己的想法。元认知理论中的元认知经验是驱动因素。

3. 元认知监控

元认知监测是指个体在进行认知活动时，以其自身的认知行为为自觉的客体，主动、自觉地监视、控制和调节其行为。其内容主要有四点。

（1）制定方案，在认知活动进行前，按照认知活动的目标需求，设想各种可能的问题解决方案，预测其效果，制定最有效、最合理的方案。

（2）实施控制，是指在实际的认知活动中，对认识活动进行的各个阶段进行监控、评价和反馈，一旦发现了认识活动的缺陷，就会及时地纠正。

（3）检验结果，以有效目的准则对不同认知行为策略的实施效果进行评估，以认知目标为依据，对其完成情况进行评估，对自己达到认知目标的程度和水平进行准确评估，并从中吸取经验教训。

（4）采取纠正措施，即通过对认知活动的反馈进行检验，一旦发现问题，立即进行补救性的措施。

在现实认知活动中，元认知知识、元认知体验、元认知监测三者相互关联、相互依赖、相互制约，构成了一个具有高度自觉和自我调控功能的开放性、动态的系统。

具体而言，不同的元认知知识有助于人们在认知活动中实时监测活动的进程，引导认知主体主动选择、评价和修改认知策略。同时，它还可以使受试者在整个活动中产生多种元认知经验，使受试者更好地了解其意义。元认知经验和元认知知识是相互补充的，个体所产生的元认知经验都会受到相应的元认知知识的制约，而元认知经验也会被元认知知识所影响；元认知经验可以促进元认知的有效监测，并对其进行动态的影响。

元认知监测是元认知知识的重要组成部分，它能够对元认知知识进行持续的检验，从而使其元认知知识结构得到进一步的完善；元认知监测中的每一步都会对元认知经验的生成起到一定的限制作用。元认知监测与元认知经验在特定的认知活动中有着密切的联系。元认知的三个部分相互依赖，相互影响，正如迪尤尔所说，"他们可以从概念上区分，但他们是相互关联的，不能完全分离。

本节认为，语境理论、言语行为理论、关联理论在翻译教学中扮演了重要角色。在翻译教学的全过程中，教师一直扮演着把翻译理论与翻译技能传授给学生的角色。在此基础上，将语用学的相关理论运用到翻译教学中来，为学生提供一个全新的角度和方式。

在课堂上，通过学生的翻译、教师的讲评、修改，逐步提高学生的语用翻译能力，使他们能够从上下文的观点来理解原文。另外，要学会运用所学的词汇、语法和文化知识，不断地寻求联系，灵活运用语用翻译的方式，以实现语用对等。

（三）元认知的培养

教学活动是由不同的认识过程组成的。元认知在语言理解、写作、记忆、注意、问题解决以及多种自我学习中发挥着重要作用。元认知的形成主要有：

1. 要完善元认知知识

加强学生元认知能力的培养，可以从以下方面着手。

（1）强化对学生的认识，增强他们的认知特征。在教学中，教师要自觉地引导学生采取多种学习方式，使他们能够全面认识自身的认知特征，从而为自己的学习提供更好的指导。

（2）使学生认识到自己的学习任务和目标具有一定的影响因子。在学习任务的性质、特点、要求的意识等方面，这些都是学生在学习过程中合理安排时间、提高注意力的关键。

（3）培养学生在学习策略方面的能力。本节从什么是认知策略、应用范围、使用方法和应用时机等方面进行论述。掌握了这些知识，学生就可以很好地学习，把所学到的策略转移到没有经过培训的环境中去，然后灵活地使用，最终完成任务。

布朗基于这一研究，提出了一种"感觉自我控制"的方法，即在教学过程中，帮助学生了解何时使用何种策略，以及为什么要使用这种方法。同时，通过实践，掌握各种学习策略及运用的条件，从而达到全面提高自身元认知的目的。

2. 丰富元认知体验

元认知的学习不仅要丰富元认知，而且要不断地丰富学生的元认知经验。元认知经验的形成，不仅会影响到学生的学习目的，也会影响到他们的元认知能力和元认知策略。在课堂上，教师要主动地在课堂上积累元认知经验，并引导他们进行元认知的体验，从而使他们学以致用，兴趣倍增，提高学习的效率。

3. 提高元认知监控能力

元认知培养是学生元认知监控的重要手段。元认知监控既要依靠个人的内部反馈，又要借助外在的环境影响，要创造一个良好的学习和教学环境，才能更好地从外部的反馈向内在的反馈。心理学者把迁移看作是一种学习对另外一种学习方式的影响，而这种迁移的水平在一定程度上反映了他们的元认知水平。

二、元认知理论在日语教学中的应用——以日语初级听力教学为例

（一）元认知理论在日语初级听力教学中的指导意义

元认知理论是指元认知知识、元认知体验与元认知监测的有机、动态的结合，即通过选择合适的认知策略来控制、指导和调节认知过程的实施。

听觉是一种有目的的主动提取有效的关键信息，而听力理解要求听者对所听到的信息进行解码、加工、重构和输出。

日语教师要学会怎样听、怎样学、怎样合理地规划、监控和评估学习过程，而不是教给学生一门外语技巧，这就是元认知理论对日语初学者的影响。

具体来说，就是要充分调动学生的学习积极性，使其自主地设定学习目标、制定学习

计划、选定学习内容、设计教学环节、调节教学进度、评估教学效果，使其形成良好的学习习惯。

（二）教学流程设计

教学模式是指教师的教学理念和教学思想的具体体现。任何一种教学方式，除有一定的理论指导和支撑之外，都要有相应的逻辑步骤和操作程序，即，一种教学方式的选择，将会对整个教学过程和教学行为产生直接的影响。

1. 课前计划与准备

课堂前的预备是整个课堂教学的前期准备，是确保课堂教学顺利进行的最关键的一步。在课堂上做了一些简单的预习，而让学生们盲目的去听讲，很难达到预期的学习效果。在本阶段，教师要从听力、知识、学习方式、教学方式等方面进行评价，然后再进行教学。

其次，教师要对课堂内容、文化背景进行分析，把课程内容与学生的认知层次、知识结构结合起来，合理地安排讲课的难度，使他们更好地理解听力教材和课堂教学的目的，从而有效地激发学生的学习热情，使他们能够根据自己的实际水平和情绪接受能力，制定出自己的短期目标和计划。讲授教材的难度，尤其要注意，教材太过简单，会造成学生不需要学习策略；而太难的教材，也会让学生没有足够的时间来思考正确的策略。

2. 过程指导与监控

过程控制是整个教学过程的一个重要环节，也是教师对学生的学习成绩进行考核的重要途径。过程监测不是单纯的课堂提问，而是要在教学中正确引导学生的教学。通过实施自己制定的学习方案，自觉地进行学习过程的自我监督，减轻了老师在课堂上的一些压力；

在实际教学中，针对一年级学生的实际情况，老师将大量的时间用于指导学生掌握语音识别、注意力选择、词义猜测、逻辑推理、图解速记等听力策略，并对其进行有效的调整和监督，使其充分利用课堂以外的时间进行自主学习。

3. 课后评估与调节

在完成每一次课程的学习计划之后，对该阶段的学习进行评估与思考，是整个教学过程中最重要的环节。在这一阶段，老师要引导学生积极地对学习过程进行分析与评估，例如是否达到了原来的学习目标，是否在听力策略的运用上合理有效，在本课程中还有什么问题和缺陷，以便更好地进行学习。

在此阶段，学生的自我评价是否准确、合理，将影响到整个教学模式的成功实施。学生对自己的学习成绩评价偏高，容易形成轻浮、不深入的不良学习习惯；如果评价太低，就会影响到学生的学习热情。因此，教师要对学生的自我评估进行有效的监督，以使其做出正确的评估。

（三）教学实施细节及问题分析

元认知理论在课堂教学中的运用，对于提高学生的自主能力、对课堂的整体控制、课后的管理都有很大的影响。

1. 建立"听力日记"，辅助学习

为了更好地做好课堂后的管理与控制，作者在课堂上提出了一项要求，即每天至少要进行 30 分钟的听力练习，然后在完成作业后，对自己的学习进度进行评估，其中包括了目标的完成度、练习中的问题、自身的不足、自己的思考与提高。通过"听力日记"，老师可以对学生的学习状况进行实时监测。

2. 激发学生的学习兴趣

在英语口语教学中，要克服学生的胆怯心理，激发他们的学习兴趣，是提高英语口语能力的关键。初入大学一年级的学生，由于日语语速太快、音化、吞音、音变等现象，往往会产生畏惧、紧张甚至疲倦。在这种情况下，我们必须尊重学生的认知发展规律，消除这种焦虑、不安的消极心理，为学生创造一个比较宽松的学习环境。通过让学生选择自己喜欢的部分来做听力训练，把训练的目标降为能够听准发音和记录自己学过的单词，使他们能够很容易地在发音阶段完成转换。

3. 督促语言知识的积累

在初级听力教学中，如何提高学生的元认知意识，调动学生的主体性，是提高学生学习成绩的重要因素。课堂上可以对生词、句型、知识背景、听力要点等进行总结和分发，并根据自己的具体情况制定学习计划，调整学习进度。通过随堂测验，对学生的跟读行为进行测试，直到他们形成了一个好的学习态度和习惯。

4. 指导听力策略

在"听力日记"教学中，作者发现了很多常见的问题，例如：听不清、句意不能理解、不会学单词、不会听不懂等等。作者在实践中对学生进行了指导，使他们习惯听不清、听不懂，从而消除了他们的"完美"心态。

学生要从语流中抽取所需的重要信息，并根据语境、语音、语调、语气和上下文之间

的逻辑联系来推断所听的内容，同时还要训练学生掌握这些灵活的使用技巧。

（四）教学效果评价

首先，结合教学大纲和学生的日常生活，确定了教学目标。

（1）训练学生的听力识别能力，能够识别日语中的清音、浊音、短音、拋音、长音、多音节的组合等音标，并了解日语中的弱化和无声化的规律，了解常用的发音变化。

（2）训练学生识别词汇、辨别同音、同义词等词汇的能力。

（3）训练学生的听力理解策略，在情景对话时，能够从语境的逻辑和思维的脉络中推测出未理解的词语和短语的含义。

（4）训练学生能够快速捕捉重点内容，提取关键信息，了解整个对话语言的整体意思，并能正确理解70%以上的内容。

（5）训练学生的速记和归纳能力，能够快速地把所听到的东西记下来，并能对所听到的主题和内容进行大概的复述。

（6）通过培养学生的听力，培养他们用日语进行思维和表达的习惯。其次，在题型的设计上，充分考虑了学生的总体倾向与个性差异，设置了假名识别、单词听写、对话短对话、长对话、关键信息抽取、原文填空、原文填空、概括回答、听写句子等题型，不仅考查学生基础语音、知识的掌握情况，还进一步考查学生分析、推理、概括等综合能力的达成情况。

在元认知理论的指导下，采用日语基础听力教学，可以有效地提高学生的认知能力，增强学生的自主学习能力和自我控制能力，并能有效地提高学生的日语综合运用能力。在日语口语课堂教学中，应建立更为完善的课后管理与日常监管机制，并建立一个更为完善的教学效果评估制度，使其在元认知理论的指导下逐步完善。

第三章　现代日语教学内容

第一节　日语教学内容的概念和分类

一、日语教学内容的概念

人类经历了漫长的历史，在不断劳动、不断探索中积累了涉及人类生活各方面的丰富的经验和知识，这些知识需要传承，所以就成了学校教育的内容。日语教学也是如此，提到教学内容，往往首先想到的就是日语知识。

经验告诉我们，不具备观察、思考、判断、想象、表达、鉴赏、操作、创造等能力和技能，就不能掌握知识；不提高应用已有知识解决各种各样问题的能力和技能，知识也不能在实际生活中发挥作用。因此，发展获取知识的能力和技能是教学的重要内容。

同时，教学是教育的有力手段。学生通过学习各方面的知识会形成有关人生的认识、见解，最终形成自己的世界观、人生观、价值观，即学生所接受知识会对他的"三观"、政治态度和道德修养产生重要影响。培养正确的"三观"、科学的生活态度、优良的道德修养也应该是教学内容之一。

还有，学生以什么方式进行学习对学生的学习态度、处事方式和性格都有重要影响。因此，引导学生改善学习方式，掌握终身学习的方法，从而形成良好性格并处理好同学关系，为学生走上社会做准备也是重要的教学内容。

总的来说，教学内容的总体概念应该包含上述几个方面，而不仅是知识的传递。因此，《中国大百科全书·教育》对"教学内容"的定义是："教学内容"是指由学校向学生传授的知识、技巧、思想、习惯、行为等的综合。

日语教学是整体教学中的一个学科，日语教学内容有自己的特殊性，也有各个学科都有的共性。这里将日语教学内容定义为：国家教学（课程）计划、日语教学大纲或课程标准规定的，需要学校在日语教师与学生开展教学互动过程中引导并帮助学生学习和逐步形成的日语学科素养。

日语教学内容在日语教育体系中居中心地位，日语教育的目的必须依靠一定的教学内容来体现和实现，日语教学方法、教学组织形式等也都受日语教学内容的制约并为教学内容服务，日语教学质量、教学水平和学业标准也要以日语教学内容实现的情况来加以评定。

二、日语教学内容的分类

日语教学内容是学生在校期间需要学习和逐步形成的日语学科素养，它包括什么，又如何分类呢？这个问题长期以来很少有人认真地思考和研究过，日语教学内容的分类基本上是继承前人的做法，凭经验判断形成的。然而，随着社会和日语教学事业的发展，日语教学内容越来越丰富，甚至超越了日语学科本身。因此，有必要对其做一个梳理。

（一）日语知识

我国早期的日语教育可以追溯到清末。从当时出版的日语教科书可以看出，那个时候的日语教育以传授日语知识为主。而所谓传授日语知识最初就是学习日语词汇，如第一本被认为是中国人编写的日语教科书《东语简要》（作者为玉燕居士，1884年发行。从内容结构等看，称之为教科书非常勉强），基本上就是一本词汇集。后来，语音、语法和日语文字也被写入教科书，如《东语入门》（陈天麒编纂的可以称作教科书的日语教材，1895年以石印本发行），其中出现了"伊吕波歌"和五十音图，还有词汇和短句。随后读本类、会话类、语法类等教科书相继问世。由于清末学习日语主要是为了阅读日文，并通过日文转译其他语言的书籍，所以很多学习者追求日语速成。他们从"书同文"的认识出发，坚信只要掌握语法规则，颠倒、钩转词语位置就能将日文资料翻译成汉语。为此，清末时期的日语教科书中，语法类的比重最大，语法也成为日语知识的重中之重，长期在我国日语教学中占据主导地位。其实，日语文字也是日语知识的一部分，然而日语汉字因为是中国人学日语时的长项，所以往往被忽视，或被归为词汇处理。直到现在，说到日语知识，公认的最基本的要素还是语音、词汇和语法。

（二）日语技能

日语技能是我国日语教育长期以来的"双基"之一，这与我国提出基本知识和基本技能的"双基"教学理念有紧密联系。"双基"教学起源于20世纪50年代，20世纪60年代至20世纪80年代得到大力发展，20世纪80年代之后不断丰富完善。从日语教学大纲中，可以清楚地看到日语双基教学的历程。因为我国教学历来是以纲为本，双基内容被大纲所确定，双基教学也来源于教学大纲的导向。在双基教学理论的指导下，学习一门外语不能只掌握语言知识，还必须掌握一定的语言技能，日语教学大纲中对日语知识和技能要求的演进历程呈现出日语双基教学理论的形成轨迹，日语双基教学随着日语教学大纲提出的要求得到不断加强。

　　日语的基本能力主要包括四个方面：听，说，读，写。但是，在我国的初期，日语的教学是以读为主，而不重视口语，这不仅是因为当时学习日语的主要目的是为了翻译资料，还有客观条件上缺少语言环境、缺少专业的日语教师等诸多原因。不难看出，清末只有日本人编纂的日语教科书比较重视口语交际，如长谷川雄太郎编写的《日语入门》（1900年由关东同文馆刻印刊行，另有1901年日本善邻书院的石印刊本）；民国时期，在基础教育阶段，一些学校使用的日语教科书之所以重视听、说，是因当时日本占领的地区的日语教育着力推行直接教学法，即不允许使用母语，要求用动作、图画等直观手段学习词语。中华人民共和国成立之初的日语教学，根据实际需要，外语教学界曾有"听、说领先，读、写跟上"的提法，也有"四会并举"、相互促进的主张。虽然，高校日语专业或职业教育中有翻译技能教学，进而有听、说、读、写、译的提法，但最基本的技能仍然指听、说、读、写这四项。

　　作为双基教学内容，日语知识和日语技能既相互独立又相辅相成。由于语言交流有两种方式，一种是口头交流，一种是写。人们要进行言语交际，就得用有声语言（听、说）或书面（阅读和写作）。如果没有一定的语言知识和技巧做基础，那么两者之间的沟通是不可能的。尤其在基础教育阶段，必须在听、说、读、写活动中进行日语知识的培养，而听、说、读、写则是提高基础知识的重要保障。这可能就是日语知识和日语技能长期以来成为日语"双基"教学内容的根本原因吧。尽管如此，从我国21世纪以前的日语教学大纲来看，语言技能多列为教学目标要求，而列入教学内容的主要是日语知识。

（三）功能意念

　　长期以来，我国日语教学内容规定的主要项目是语音、词汇和语法，也包括一些惯用型或句型。这种现象在20世纪80年代末期发生了重大变化。

　　20世纪80年代初，我国的外语教学蓬勃开展，一些外语教材风靡全国，一些外语教材的编者如路易·亚历山大被邀请到中国讲学。路易·亚历山大是欧洲文化合作委员会主持和制定外语教学大纲的参与者，也是"功能—意念法"的积极推广者。他在中国的讲演报告录音被整理、翻译成汉语，归纳为《语言教学法十讲》，由科学技术文献出版社于

1983年出版，对中国的外语教学产生了很大影响。

功能意念是以社会语言学、功能语言学、心理语言学为理论依据的一种外语教学方法。在二十世纪七十年代初期，欧洲兴起了一种基于对学生现实需求的分析，旨在培养学生在交流中使用日语的能力。功能意念提倡以"功能思维"为主线，以交流为目标和手段，组织整个外语教学。这一教学理念对日语的教学也产生了一定的影响。交际法是以语言行为为起点，而非以语言形式为起点，根据学生的学习目标选择和安排教学内容，而非传统的语法教学模式。然而，随着时间的推移，学生们发现，情境教育并不能完全满足学生的需要，比如，情境并不能涵盖所有的交际活动，也不能成为学生学习表达具体情感、理性态度和一般观念的工具。

功能意念表或交际项目在教学大纲中的从无到有，反映出中国日语教育从重视语法规则到重视交际能力培养的重要变化；然而，由于功能意念项目的分级不够科学，功能性太强而系统性不足，对如何解决结构与功能的有效结合等问题存在局限性，而且功能意念项目与语法项目往往出现重叠现象，所以在日语教学实践中存在不少吸待解决的问题。因此，一些日语的课程标准规定的教学内容中取消了存在多年的交际用语相关附录，强调以主题为引领，不主张死记硬背词汇、语法和表达方式，而更加注重理解和表达的内容。据了解，取消交际项目的主要原因有三个：一是缺少选择依据，交际项目中罗列的是一些句子，一旦脱离语境则变数比较大；二是交际项目没有止境，数量和难度难以把握；三是原"交际用语"部分条目与语法条目重合。

4. 文化素养（文化理解）

语言与文化不可分割。然而初期的语言教学基本上局限在语言本身，忽视了语言文化教学。随着交际教学思想的传播，人们慢慢地认识到，接触和学习一门外语需要站在外国人的思维、历史角度等去体会他们的文化。不过，文化是个很宽泛的概念，对于日语教学来说，如何界定相关教学内容，是必须思考的问题。

目前，我国很多日语课程的标准都相应地增加了一些教学的内容，这些教学内容的增加对培养学生的交际能力和提高学生异国文化理解能力都具有重要的意义，也呈现出日语教学内容随着时代发展变化的轨迹。

5. 情感态度和学习策略

进入21世纪，我国的日语课程标准都确立了培养"综合语言运用能力"这个总目标，在语言知识、语言技能、文化素养的培养下，学生的情绪态度与学习策略也得到了重视。情绪对学生的学习与发展有很大的影响；学习策略是提高学生学习效率，培养学生自主学习的重要手段。这是以往日语教学大纲不曾提及的，是新增加的教学内容。

情感、态度都不是凭空产生的，必须以学生的言语实践过程做基础，任何省略过程的学习都不会让学生真正产生情感、态度乃至形成正确的价值观。只有积极的情感体验和全身心参与才有助于学生保持学习日语的内在动机和兴趣，以较强的自信心和坚定的意志，学会与他人合作并相互促进，增强祖国意识，开阔国际视野。学习策略也与情感态度一样，是进入21世纪以后同时被写入日语课程标准的，这种做法是为了让学生改变学习方式，学会自主学习，提高学习效率，具备终身学习的能力。

情感态度和学习策略成为日语教学内容的一部分，不能不说是一种跨学科的拓展，而且还设置了下位分项和具体的内容标准，使课堂教学有依可循。

6. 话题/主题

21世纪初出版的日语课程标准都提倡通过围绕话题完成交际性任务等方式开展多种教学活动，因此，首次将"话题"列入附录。这一变化是为了更好地培养学生的交际能力，通过选择符合学生年龄和心理特征的话题，帮助学生开展接近实际的学习活动，使交际性任务目标更加明确，内容更加具体、实用，交际教学思想也更容易落到实处。我国一些日语课程标准已经将"话题"提升为"主题"，提出主题是围绕人们的生活、学习和工作的某一范围展开的内容，是情境创设的线索和开展日语实践活动的内容基础。在教学指导性文件中列入"话题"、规定"主题"，都是以往教学大纲不曾有过的。这体现出交际教学思想的进一步深入，日语教师要通过创造与日语内容紧密联系的情景，充分挖掘其所包含的信息，并设计出与之相关联的题目和任务，以促进学生的主动学习，并促进其对日语的理解和表达。拓宽视野，形成多文化视角，增强思维能力。

第二节　日语教学内容的选择

一、日语教学内容选择的制约因素

日语课程的选择是一件非常重要的事情。基础教育有众多学科，每个学科都在同一学习阶段得到一部分课时，这些课时分配到每个学科的不同学年、不同学期，甚至每一节课都是十分有限的。在这样有限的时间内，一个学科选什么教学内容更有利于学生全面发展，需要经过科学思考和验证才能确定。

(一) 外部因素和内部因素

选择日语教学内容，不仅要考虑外部因素，更要考虑在外部因素影响下的自身发展。

1. 外部因素

所谓外部因素，主要指日语知识、社会需求和条件、学日语的学生。基础教育日语课程从日语知识总和中选择什么直接关系到开设该课程的成败。社会需求和条件也是决定教学内容的因素，例如国家需要和可能培养什么样的日语人才，需要学生学会日语来做什么，都影响和制约教学内容的选择在教学内容的选择上，日语的学习者同样不可忽略，应根据其原有的知识水平、能力的可接受程度来决定其教学内容。教给中小学学生学习的内容与教给大学生（专业或非专业）、成年人有明显区别，甚至同年龄阶段的学生，因生活在城市、农村或少数民族地区，对教学内容的需求也有所差别。

以上三个方面对教学内容的影响和制约，实质上是日语学科结构、社会结构和学生心理结构对教学内容的制约和影响。除了上述三个主要因素，还有其他一些条件也是需要考虑的，如教师水平、学校设施等。在日语教师中，特别是在大城市，硕士生已不在少数，还有少量博士生担任日语教师。师资力量不同，对教学内容的要求也不一样。另外，在只有一支粉笔、一块黑板的教室里和具有视听设备、电脑、多媒体等现代化设备的课堂中，对教学内容的需求也会有一定区别。特别是数字化、网络化教学技术的发展，也会对教学内容提出新的要求。

2. 内部因素

以上涉及的是制约日语教学内容的外部因素。影响日语教学内容的内部因素很少有人研究，目前只能从历史经验和现实经验中摸索出一些。

首先，是日语教学的传统内容。无论日语课程如何改革，都是在已有基础上的改革，教学内容的更新可能是减少一些，改变一些，增加一些，而不可能凭空捏造。而且，教学内容的变化是缓慢的，不可能在短时间内打碎旧的一套，重建新的一套，因为这不符合日语学科发展的客观实际。

其次，是教学论，特别是课程论的观点。我国的日语教学改革、课程改革都是随着教学理论、课程理论的发展而展开的。由于多年来忽视了相关的理论研究，教学内容的选择存在着不同程度的经验论倾向或盲目性，而缺乏科学的理论指导。这是今后应该认真思考和改进的。

最后，是日语学科自身相对独立的规律与相关学科的横向联系。由于受多方面因素和条件的影响，日语教学已呈现出综合化、个性化、开放化和多样化的趋势，日语教育已经不能圈于语言教育本身，而要为学生的终身发展，培养合格的公民和具有国际视野的社会主义现代化建设人才服务。科学的迅猛发展，信息化社会的突飞猛进，儿童心理学、大脑生理学等研究的新突破，这些都给日语教学内容的选择带来了新的需求。所以，日语教学内容必须与时俱进，既要保持和发扬既有的正确合理的内容，不断加以改善和拓展。

（二）日语教学内容与教学目标的相关性

日语教学目标是日语教学的出发点和归宿，教学目标对教学内容的取舍有重要的制约作用。有了明确的日语教学目标，从而为日语课程的选题与组织提供了一个初步的思路。谈到教学内容，就不能不提到课程内容，两者几乎是相等的。自课程作为一门独立的学科，其内涵的阐释主要集中在三个方向上，而这三个方向所代表的是不同的教育目的。一是教材内容，其教学目标主要是传授知识；二是课程内容即学习活动，其教学目标主要是开展学生的学习活动；三是课程内容即学习经验，其教学目标主要是为学生提供有意义的学习经验。

1. 以传授日语知识为教学目标

日语的传统教学内容一直被视为将日语的知识传授给学生。在以传授日语为目的的教学中，常常将日语的知识纳入教材，把教科书与教材的内容相提并论。这样注重教材，有助于日语课程的系统化，使师生清楚地了解所教的内容，并能为课堂教学提供依据。许多日语老师都下意识地以为，他们只是在教日语课本上学到的东西。

但是，杜威认为，最有逻辑性的科学教材，如果以现成的方式，向学生们展示，就会丧失其优势。因为对于学生而言，这些知识是由外在的力量决定的，而非他们本身所关心的。因此，老师们千方百计地用"糖衣"包住学习资料，使他们"在享受着某种完全不同的事物时，吞咽和消化并不好吃的食物"，这样的描述的确能很好地体现日语的教学现状。

2. 以开展日语活动为教学目标

20世纪以后，科学技术的进步对社会发展影响明显，为了在学校教育中有所反映，美国的博比特等几位课程专家（如美国课程与教学论专家博比特、查特斯等人）通过对成人活动的研究，发现了不同的社会需要，并将其转换为课程目标，进而将其转化为学生的学习活动。博比特认为既然社会是一个人既定的存在，教育是社会的代理机构，那么教育的职责、功能是就在为个体有效地参与社会活动做准备，教育目标就应在社会中寻找。人类在社会中的生活无论如何变化，都不外是从事特定的活动，只要运用科学的方法就可以发现人类的基本生活活动，而教育的目标就是使个体具备成功从事这些活动的能力。在这样的教学目标指导下，传统的日语教学内容，即用教科书传授知识的观念受到挑战，它不关注向学生呈现什么内容，而是使日语学习活动成为教学的主角。这种以开展活动为中心的日语教学在我国中学课堂上也存在。有些日语教师虽然也按照教学进度上课，但在课堂上的开展非常活跃，课堂上更是充满活力，旨在让同学们通过参加各种活动，学习日语知识，获得日语的体验。这个方法也曾经被人怀疑过。实际上，日语的意义和理解方式是不同的，只关注外显的活动则无法看到学生如何同化所学内容。这种趋向各种各样活动的日语教学，容易忽视深层次的学习结构，偏离日语学习的本质。

3. 以提供学习经验为教学目标

泰勒将"学习经验"一词用于教学原则，目的在于将课堂内容等同于教科书或学习活动区分开来。他指出，学习经历与教学内容、老师所从事的活动不同，更多地体现在学生与外界的互动中。由于学习是学生的主动性，由学生自己决定，而非课本上写的是什么，也不是老师要学生去做的。在这种教学目标的指引下，日语的教学内容被看作是一种学习体验，而非外在的外在因素。学生的实际领悟程度，要看他们的心理结构。在一定程度上，学生的认知结构和情绪特点在一定程度上决定了学习的内容。但是，由于这是一种学生的心理体验，只有学生自己才能理解，而教师却不能很好地理解学生的心理状态。这将使学校的教学内容完全由学生控制，其结果是可以想象的。泰勒对学生的重视固然是一种正面的影响，但是他将课程的内容与学习体验相结合，并从教学效果的观点来考虑学习经验的选取标准，这已超越了我们所说的教学范畴，而将教学实践也纳入其中。日语教学若只为学生提供学习体验，其实施难度较大。

从这三个不同的课程或教学目标和教学内容之间的关系可以发现，在不同的教学目的下，教师的教学内容存在着很大的差别。尽管这些理论都有一定的合理性，但也有其自身的不足之处。日语课程的选择应从多个角度进行辨证的思考，既要考虑到日语学科体系、学习活动和学习经历，又要考虑到各种因素，以达到预期的教学目的。

（三）日语教学内容选择的主体

由于教学时间有限，教学内容必须在众多方面中精选那些必需的，有价值的东西。而这些必需的、有价值的内容是由谁判定、选择的？

我国日语教学内容在21世纪以前，其主要由国家制定的日语教学大纲来规定。其他学科也是一样，也就是说，国家权威部门控制着整个教育体系的资源和权利，并对学校的一切课程（教学内容）进行控制。参与这一课程的主要有教育机构的高层行政人员、教科书出版机构（人民教育出版社）、高等教育机构、全国性专业组织等等。口语教学大纲就是国家教育部委托人民教育出版社的学科专家起草，并组织相关高校的专家、学者、日语教研员等共同研讨决定的。其中，一般经过教学实践认定，符合国家教育方针、适合基础教育阶段学习的教学内容才能列入基础教育阶段的教学大纲。这种课程体系是国家统一的，采用从上到下的推广方式，形成了集中式的课程发展传统。这样的课程没有考虑到地理上的差别，主要体现国家对学生素质发展的共同要求。

20世纪80年代后期，世界上大部分国家的"单一"或"校本"的发展模式逐渐淡出了人们的视野。许多国家都认为，单一的课程发展模式无法完全解决学校面临的各种问题，应该由国家、地方、学校共同承担学校的教育职责。21世纪之后，我国的基础教育课程改革坚持民主参与、科学决策的原则，大力倡导高校、科研院所、中小学的专家学者和中小学教师参与到基础教育课程的教学改革之中。《国务院关于基础教育改革与发展的决定》于二零零一年五月发布，提出实行国家、地方、学校三个层次的课程。地方、学校可以根据当地或学校的特点，研究课程的可持续发展机制，组织专家学者和有经验的中小学教师参加新一轮的教学改革。

全国课程的目的是为了培养未来的国民，集中体现了国家的意愿。以未来国民在接受教育后的普遍素质为基础，制订中小学课程发展的整体计划，确定全国的课程类型和课时，制订全国的课程标准，从宏观上对中小学的课程实施进行指导。国家课程是我国基础教育课程体系中的主要内容，也是一个国家基础教育质量的重要指标。

地方性课程是指在确保全国课程执行的前提下，根据当地的政治、经济、文化和民族发展的需求，在全国的各级教学大纲中，由省级教育行政部门或经批准的教育部门制定。

校本课程是以这两种类型的课程为基础，根据学生的需要和本地学校的教学资源，设计出符合本校特色的校本课程。校本课程注重校本（本位）和校外的协作，使校本课程能够更好的发挥校内和校外的资源。这是全国教学大纲的一个重要内容。

实施三级管理，包括全国性、地方性和校本教育，是现代课程政策民主化的重要标志，有利于地方，特别是校本课程的发展。在这种民主化课程管理下，学校的自主权更大，日语教师更容易成为本学科课程的研究者和设计者，日语课程及教学也会更加开放、民主。

(四) 选择日语教学内容的原则

1. 日语教学内容的基础性

基础教育阶段的基本任务是让学生掌握人类文化遗产中的精华，发展学生各方面的能力，以适应未来社会发展的需要。因此，教学内容应该包含使学生成为社会合格公民所具备的基础知识和基本技能，同时也要能培养学生以后可持续学习和发展的能力。当今社会，信息量急剧增加，不可能完全依靠学生来消化需要的所有信息。因此，在复杂的社会中，要培养学生的学习和辨别是非的能力。日语教学内容的选择，同样要注意学科知识的基础性，把握所教日语知识的广度和深度的平衡。强调日语课程内容的基础性，就是指那些经得起时间检验，长期以来一直被选为教学内容的、有价值的日语知识，如五十音图、基本句式，这些都是学好日语所需要的知识，学生只有掌握了这些基本规则，才能更好地运用日语。

2. 日语教学内容的生活性

日语教学内容对学生生活和社会有什么实际意义，这是选择教学内容时需要考虑的问题。

我国学校教育的教学内容历来以各门学科的基础知识和基本技能为主，因为每门学科内容都有自身的逻辑结构，很难与学生的实际生活和社会一一对应起来。而且，事实证明，那种以实际生活或社会为中心的课程不利于学生掌握系统的科学文化知识。但是，与此同时，我们也应该看到，学生是社会的一员，长期以来完成基础教育的学生大多数直接进入社会就业。所以，教学内容要让学生了解社会、接触社会，掌握一些解决现实生活和社会问题的基本技能。日语教学内容也不例外，应尽可能地结合学生生活、社会需求，让学生在学校所掌握的技能可以较好地发挥效用。

当我们考虑教学内容与日常生活和社会实践相互关联时，不仅要注意与现实生活和社会相关，还要注意与未来生活和社会相关。综观当今世界，用"变化迅速"来概括丝毫不过分。尽管谁也无法断定未来几十年会发展到什么地步，但是学校课程应该帮助学生更好地觉察未来的各种选择及其后果，使学生意识到，未来是可以由我们自己的抉择决定的。所以，教学内容必须有利于促进实际生活改善和社会发展，不仅使学生能在实际生活中得以运用，还要适应社会，肩负起建设和改造社会的重任。

然而，把"学了就能派上用场"作为衡量基础教育教学内容与实际生活和社会需求相结合的尺度是不对的，这实际上是一种肤浅的功利主义思想。基础教育不能完全以就业为导向，因为科学与技术的发展使职业的流动经常发生变化，新的职业不断涌现，我们不能详细提供学生将来从事的职业需要的知识、技能。所以，实际生活和社会需要什么教学内容就包括什么，是一种"社会中心课程"的翻版，历史已经证明了它的短命。现代教学理论认为生活和社会是人获得意义的基础和来源，应选择体现生活和社会发展的教学内容，并实现学科与现实生活、社会需求的整合，体现其重要价值。

3. 日语教学内容的适切性

所谓适切性，主要是指教学内容应照顾到学生的兴趣、需要和能力，与之相适应、相契合。这样的教学内容容易为学生所同化并成为学生自身的一部分，能促进学生个性的发展。

儿童和青少年的生理和心理发展有不同阶段。选择教学内容必须考虑其与学生年龄发展相适应的问题。苏联心理学家鲁宾斯坦认为，儿童的各种心智功能是否发展，以何等速度向何方向发展，是受儿童从事了什么活动所制约的。这说明人的心智功能发展受外界环境的影响，特别是教育作用的影响。

日语教育提供什么教学内容，如何指导，直接影响学生的发展时期、发展速度和发展方向。然而，这些属于外部影响。学生在外部影响下形成自己内在的东西，即获得经验和知识，掌握思维与行为的能力，形成正确的态度，这些内在素养反过来又会成为制约外部影响的条件。

由于日语教育和教学是以学生的内部条件为中介来发挥作用的，所选择的教学内容是否能产生预期效果，不仅取决于外部影响是否与学生的内部条件、每个学生的具体发展状态和心理特性相结合，还取决于以什么方式相结合，结合到什么程度。如果选取的教学内容适合学生的发展状态和心理特征，有利于他们全身心地投入到日语学习中去，并活跃思维和参与语言实践活动，则日语教育教学作用更容易取得成效。

二、日语教学内容选择需要处理的若干关系

经过精选的日语教学内容需要按照一定的顺序和方式加以组织，使之成为一个有机的整体，这样才有利于开展教学。如何编制日语教学内容，泰勒在《课程与教学的基本原理》中总结前人的研究成果，确立了有效组织学习经验的三个基本原则：连续性、顺序性和整合性。教学内容的组织，需要处理好几个关系：一是逻辑顺序与心理顺序的关系，二是直线式与螺旋式的关系，三是纵向组织与横向组织的关系。

（一）逻辑顺序与心理顺序的关系

逻辑顺序指根据日语学科本身的逻辑顺序和系统性来组织教学内容；心理顺序指按照学生心理发展特点来组织教学内容，强调学生的兴趣、需要、经验背景的重要性。对于基础教育阶段来说，更需要以学生的成长和发展为重，将日语学科逻辑顺序置于从属地位。因为片面地强调学科的逻辑顺序，会使学生失去兴趣，难以把日语学科的知识结构转化为学生的认知结构。当然，也不能只顾及学生心理顺序，那样也难以使学生获得相对系统的基本知识和基本技能。所以，逻辑顺序与心理顺序的统一和整合是处理这层关系的关键。一方面要考虑日语学科的体系、日语语言自身的规律和内在联系；另一方面也要考虑学生的认知发展特点，根据学生学习日语的独特性组织适合学生思维方式的内容。

（二）直线式与螺旋式的关系

直线式指把基础教育阶段的特定日语内容组织成一条逻辑上前后联系的直线，前后内容基本不重复，或是成递进关系的。螺旋式指在不同学段，日语教学内容以不断加深程度或扩大范围的形式重复出现。

由于过多的重复会使学生厌倦，只有不断地在原有基础上呈现出新的内容才能使学生有新鲜感，从而保持浓厚的学习兴趣；同时，教学内容的核心是日语学科的基本结构，要围绕这个基本结构在不同年级以逐渐加深、螺旋式上升的方式使学生不断学习一些内容，获得越来越深入的理解，直至基本掌握。

直线式和螺旋式各具特点，直线式可避免不必要的内容重复，螺旋式则顾及学生的认知特点，加深其对内容的理解。在课程内容组织实践中，一般是把两者不同程度地结合起来。

（三）纵向组织与横向组织的关系

纵向组织是指将教学内容根据特定的原则按次序进行编排，这种组织方式也称序列组织；横向组织则打破学科界限和传统的知识体系，以某一主题为核心组织相关教学内容。

纵向组织比较传统，按照由简到繁、由易到难的序列安排教学内容。美国认知心理学家加湿运用学习结果分类理论为教学内容的纵向组织提供思路，他按照学习的复杂程度把人类的学习分为八类：信号学习、刺激—反应学习、连锁学习、言语联想学习、辨别学习、概念学习、规则学习、问题解决学习。组织教学内容时应考虑先让学生辨别，再学习概念，在此基础上掌握规则和原理，最后解决问题。

20世纪70年代，随着学科综合化趋势日益明显，出现教学内容的横向组织。横向组织主张采用"大概念""广义概念"等作为组织教学内容的要素，使教学内容与学生经验有效地联系起来，使学生更好地探索社会和个人关心的问题。较之纵向组织方式，横向组织方式更关心知识的应用而非知识的形式，学习心理学中的"随机通达学习""登山式学习"为横向组织教学内容提供了学习论基础。

第三节　日语教科书的定位及其他教学资源

一、日语教科书的定位

长期以来，很多人总是把教科书与教学内容等同起来，认为教科书写的就是要教给学生的，教师教好教科书就完成任务，而这种认识是片面的。

教科书有广义、狭义之分。广义的教科书泛指能增进人们知识和技能、影响人们思想品德的教材。狭义的教科书指按照教学大纲或课程标准要求编写的教学用书，又称课本。这里讨论的教科书指后一种。

教科书一般对某学科现有知识和成果进行综合归纳和系统阐述，较少做新的探索和提出一家之言，且具有全面、系统、准确的特征。但是，教材并不是随意的产品，它是教材中所要求的内容的具体表现。教材是由教育界认可的教材，是师生在教学中学习的重要内容。日语教材作为教科书的一种，是日语教学的核心资源。

（一）日语教科书的性质定位

日语课本是依照国家制定的课程计划、课程结构、课程内容和日语课程的课程标准（或大纲），以学生的年龄为单位编制的语文课本。它体现了《日语课程标准》所要求的教学内容。因此，日语课本是日语教学中最重要的一部分，也是日本日语教学的主要内容。

日语教科书是由出版机构按照课程标准（教学大纲），组织有关专家编写的教学用书，其编写思路、框架、内容要符合课程标准（教学大纲）的基本精神和要求。日语教科书的内容既要达到课程标准（教学大纲）规定的基本要求，又不能无限制提高难度。不同地区经济、自然环境、文化等存在差异，教科书编写须关注和体现这些特点，照顾不同地区教育发展水平、学生身心发展水平及特殊需要

日语课本并不是单纯的学生课本，与之密切相关的还有老师的教学书、练习册、教学挂图、卡片等配套的教学材料，以及与教学有关的各类书籍。同时，日语与其它语言的共

同之处就在于对音像材料的需求，长期以来，录音、录像等都在一定程度上起到了积极的作用。尤其是21世纪以来，我国新一轮的课程教材改革，打破了传统的课本为"单一的教学资源"的观念，倡导"系列化""立体化""数字化"。因此，日语教材必须从一开始就制定一套编撰方案，将相关教材统筹起来，这样才能适应新时期教育教学改革的需要。

（二）日语教科书的特征定位

1. 日语教科书的内容特征定位

日语教科书的内容必须以日语课程标准（或教学大纲）为依据，完整、准确地反映其理念和要求。在我国，日语教科书不仅要承载日语学科知识，还要注重弘扬民族优秀文化，日语教科书承载的相关知识应该是已经有定论的、经过教学实践检验的内容。不确切、尚有争议的知识，不宜纳入教科书，特别是中小学日语教科书。

日语教科书须从学生已有的生活经验出发，精选贴近学生生活、符合学生身心发展规律的教科书，使学生掌握这些知识和技能，提高他们的口语表达的能力。

21世纪课程改革以来，日语教科书的内容更加注重突出主题，强调语篇类型的多样化。同时，改变教科书专供教师教、不适合学生自学的状况，内容讲解做到简明扼要、深入浅出，语言通俗、易懂，文字流畅、生动活泼。现代日语教科书不仅要提供教学需要的素材，还要给教学留有一定余地，给教师和学生留出选择和拓展的空间，满足不同学生学习和发展的需要。

2. 日语教科书的形式特征定位

教科书不仅在选择内容上比一般图书要求严格，在形式上也十分讲究。日语教科书的形式也须根据学生的认知水平精心设计、妥善安排。

日语教科书的内容编排需具有启发性，鼓励学生积极思考、发挥想象力，题材、体裁要丰富多样，为学生设计体验性活动和研究性专题，引导学生掌握学习策略，以利于改善学生的日语学习方式。

日语教科书的呈现方式需要由浅入深、由表及里、循序渐进、难易适度，采用直线排列和螺旋排列相结合的编排形式；注意设置真实的语言环境，提供运用日语的机会。

21世纪课程改革以来，日语教科书的内容设计特别提倡以日语实践活动的"理解与梳理""表达与交流""探究与建构"为路径，体现学习过程，融汇用日语做事的方法；呈现比较完整的交际背景和人物关系，以利于教学时创设真实的情境。

日语教科书与其他教科书一样，需要在符合教学法的同时符合美育要求。标题醒目、内容清楚，字体和字号均须规范，以防损害学生视力；封面、插图尽量美观，与内容相辅相成，比例恰当，图文并茂；版式设计新颖、美观、清晰、有情趣；教科书的大小适当，便于学生携带。

现代日语教材除了要有书面材料之外，还需要借助现代资讯科技，与多媒体课件、音频、视频等多媒体课件相结合，形成立体的学习模式，使学生的听觉、视觉、触觉感应，达到综合的整体教学效果，并为教、学、评提供更全面的支持。

3. 日语教科书的使用定位

供全国选用的中小学日语教科书，必须经过国家教育部门审定，地方日语教科书由省级教育行政部门审查。国家教育部门每年春、秋两季分别印发"全国普通中小学教学用书目录"，供全国中小学选用。各省、自治区、直辖市教育行政部门根据国家教育部门用书目录和本省的实际情况补充下达"中小学教学用书目录"，供各地区学校选择用。教科书出版单位可以发行与教科书配套的教师教学用书、教学挂图等，同时保证印制、发行工作所需时间，做到课前到书。

（二）日语教科书以外的教学资源

日语教学除教科书以外，还有许多其他教学资源。这些教学资源可以从不同角度加以分类，如有形资源和无形资源等。受思维定式的影响，一般人对资源的认识存在一定偏差，认为教学资源是有形实物，如教科书、录音带等。其实，从整体的角度来看，日语教学资源是一个非常复杂的体系。日语教学的内容包含了有形和无形两方面的内容；既有校内资源，也有社会资源；既有硬件资源，也有软件资源；既有文化信息，也有个人经验。为此，对日语教学资源体系进行了全面的了解，并对其各个因素进行了深入的分析与探讨，是日语教师和教育研究者需要认真思考和充分利用的。这里仅从有形资源和无形资源的角度加以分析。

1. 有形资源

随着现代教育技术的飞速进步，教材的概念已经有了多方面的扩展。日语教材到目前为止，所谓有形资源至少包括教科书，教师教材，练习册，补充读物，工具书，挂图，卡片等直观教具，录音磁带或广播，录像带或幻灯片、电影、电视，播放录音、录像、电影、电视等的相关设备。其中，教科书、教师教学用书和练习册、补充读物、工具书、挂图和卡片等属于纸质资源；录音、广播、录像、影片、幻灯等属于音频或视频资源；而播放设备的录音机、录像机、电视机、计算机、语言教室、多媒体教室属于硬件资源。纸质资源是教学自古以来利用最多、最普遍的资源，音像资源和硬件资源是随着科技进步逐步运用到教学中来的。特别是外语教学，必须开展听、说、读、写技能训练，不同教学资源在不同时期对学生学习日语、培养运用日语交际的能力都发挥着不同程度的作用。

2. 无形资源

日语教学中除了有形资源，还有无形资源，如软件资源、网络资源、信息资源、文化资源、个人经验等。与有形资源相比，无形资源往往容易被忽视但现在无形资源的作用越来越突显，在日语教学中充当着重要角色，发挥出其潜在动能。例如，软件资源中的计算机辅助教学软件、文字处理软件已经被广泛应用，只要打开计算机，输入日语或学习日语都会用到这些软件。多媒体制作软件在日语教学界也用得越来越多，几乎所有开设日语的学校的教师和学生都会用多媒体软件制作相关课件，开展教学活动、交流学习成果等，可谓大有用武之地。

这里，我们以软件资源、网络资源、个人经验为例，说明无形资源的潜在动能给日语教学发展带来的巨大变化

（1）软件资源。软件资源一般指软件程序，如我们使用电脑接触最频繁的就是磁盘操作系统。磁盘操作系统是一种面向磁盘的系统软件，它像一座桥梁把人与机器连接起来，这样，我们就不需要对计算机的硬件构造进行深入的研究，也不需要死记硬背机械指令，只要使用一种类似于自然语言的磁盘操作系统指令，就能很容易地处理掉大部分的日常工作。磁盘操作系统还能有效地管理各种软硬件资源，对它们进行合理的调度，所有的软件和硬件都在磁盘操作系统的监控和管理之下，有条不紊地进行着自己的工作。同时，在教学中经常用到的软件也很多，日语教师几乎每天都在用电脑工作、备课、制作幻灯片等。

日语教材在利用新媒体方面也有进展。为了更好地为教学一线服务，2012年，由人民教育出版社出版的《义务教育教科书·日语》的教师教学用书（七、八、九年级），每册分别配了一张光盘，这是日语教科书首次配备这种多媒体教学资源。光盘相当于一部电子书，教师上课时可以点击目录，直接进入教科书的任意一页。画面上的局部内容可以适当放大或移动；有录音的地方点击按钮可以发出声音；点击书中的图片，可以显示相应的单词和读音；习题也有相应的互动。这与只有录音带相比，进一步方便了日语教师的课堂教学。在社会日语教学方面，为了丰富学习资源、提高学习效率，国内发行最为广泛的《中日交流标准日本语》在新版的基础上研制了手机应用程序，其内容包括五十音图，各单元课文、生词、重点语法讲解、练习等文字资料及与书本内容配套的所有音频资源。这些利用新媒体开发的教学资源，使日语教材正在逐步构建围绕核心教材的立体化格局。

(2) 网络资源。网络资源是指将其以数字格式记录、以多媒体形式表示、储存于计算机磁介质、光介质和各种通讯媒介中，并经计算机网络通讯手段传输的一组信息。网上的信息资源丰富多样，包括电子文献、数据库、数字化文献信息、数字化书目信息、电子报刊等。网络资源还包括将文字、图像、声音、动画等多种形式的信息以电子形式存储在光盘等非印刷品载体中，通过网络通信、计算机、终端等手段进行复制。网络资源可以借助计算机等设备进行共同开发、生产和传递。与传统的信息资源相比，网络资源在数量、结构、分布和传播范围、载体形态、传递手段等方面都显示出新的特点。

网络课程是网络资源的一种，是通过网络传递日语学科教学内容及实施日语教学活动的一种教学方式，是信息时代下日语课程的新的表现形式。教学内容是按照教学目标、教学策略组织起来的，是以网络教学为基础的教学支持环境。其中，网络教学支撑环境是指在网上教学的软件工具、教学资源以及在网上教学平台上实现的教学活动。网络课程的主要特点是互动性、共享性、开放性、协作性、自主性。

部分网络课程是为了满足日语学习者的需求，将《新版中日交流标准日本语》初、中、高级按照各课顺序进行讲解，在原书基础上增加了随堂小练习、词汇分析、文化背景介绍等，结合文化差异进行讲解。网课教师善于采用启发式教学，让学生带着问题学习，并适时归纳小结。这样的网课对自学者非常有帮助。然而，由于网课影响面大，任课教师的一言一行对参与网课的学生都会产生不同程度的影响，所以网课内容要编排丰富，教师要循序渐进，讲解清晰，语言规范，练习设计生动、有趣，进行阶段复习让学生温故知新。如何在不见面的网课中充分调动学习者的积极性，使学习者主动参与到日语教学实践中来，与教师和其他学习者实现一定程度的互动，是网课建设应该思考的问题基础教育阶段的学校日语教学还没有实现网络课程。网络教学支撑环境的建设需要多方面的努力。尽管现阶段还做不到，但考虑到网络课程的特殊优势，未来利用互联网开展日语教学也是一种选择。毕竟互联网可以打破地域和国界，有利于教学单元模块化，这种可以通过电脑实现的学生与教师、同学之间的多向互动，容易激发学生的学习热情。

(3) 个人经验。个人经验往往是一种容易被忽视的教学资源。日语教学中的个人经验包括教师的个人经验和学生的个人经验。

1) 教师的个人经验。教师的个人经验包括他的信念和价值观是如何形成的，是否具有坚实的日语学科知识基础，采用什么样的日语教学方法，如何对待学生的日语需求，如何处理日语教学与社会大环境的关系，如何处理同事间在日语教学问题上的分歧与冲突等诸多方面。说到日语教师的成长，人们往往更关注他们的专业素质，例如掌握的日语知识和运用日语的能力,而教师作为个人,有什么学习和生活经历,如何在中日文化交流中建构知识、形成跨文化交际意识等问题则往往被忽视。

日语教师的职业生涯与其个人的生活经历密切相关,日语教师要不断成长,要搞好日语教学工作,就应该充分认识和探索自己个人经历中的重要事件和人物,从中获取营养、启发和力量;不断反思自己的日语教学实践活动,在教学过程中总结经验、教训,再把它们应用到日语教学中去,促进自我发展。教师的发展不仅是教学技能等专业知识的发展,更应该是自我发展。自我发展可以促使教师有更高的精神追求,是日语教师专业发展的内在动力。

语言与文化影响着一个人思维方式和行为方式,身处不同的文化背景,讲解非母语的另一种语言时,外语教师的知识建构和行为方式必然受到不同文化因素的影响。日语教师在条件允许的情况下,应该争取更多的赴日学习机会,近距离地接触和感悟日本节化,使自身的跨文化交际意识和能力得到提高,日语教师向学生讲述自己学习日语的经历,与学生分享自己学习和教学日语的历程、心得、体会,也会对学生产生言传身教的影响。教师的跨文化意识和能力的提高,会直接影响学生的文化意识,能有效影响学生对多种文化的学习热情。当代的日语教师是教学资源的开发者,其自身经验也是教学资源之一,日语教师可以经过努力,使自己成为灵活的、有创造性的"活教材"。

2)学生的个人经验。在日语学习过程中,学生们既有共同的学习经验,也有各自的不同的学习方法和独特体验。例如,看过的日语电影、电视,读过的日语书籍、报纸、杂志,听说过的日语故事,凡是有关日语或日本社会、文化方面的东西,都是班级活动时可供利用的学习资源。让学生用自己学到的日语知识相互启发、取长补短,也可以成为日语教学活动的重要一环。

有些学生还有过与日本人交际的实际体验,他们或随父母在日本生活过,或在国内与日本人有过交往,这些同学的经验是日语教学中的重要资源。请他们在班级里讲述或笔录个人的体验,现身说法,是扩充学生的日语知识、提高他们学习兴趣的好方法,也是促进学生之间沟通日语学习经验、交流学习体会的重要手段。

如上所述,无论是教师的个人经验还是学生的个人经验都是一种重要而无形的教学资源,由以上分析可以看出,与有形资源相比,无形资源具有更突出的优势,因为它的延展性很好,适应性也很好。从可扩展的角度来看,它可以遍及各个国家、各个区域、学校、年级、班级,乃至个人。从适用性角度讲,无形资源可以通过反复的实践来验证和纠正,通过不断的累积而不断地改进。对"无形资源"的正确理解,可以帮助我们全面、准确、深刻地理解日语资源体系，建立新的资源观，无论从理论上还是从实际出发，都是非常有价值的。

　　此外，社区和社会机构的支持，也是一种无形资源。充分利用这些无形资源，有利于从社会生产、社区生活的真实需求出发，在真实的环境中习得和巩固知识和能力。为学生提供真实学习环境和机会，也有利于推动21世纪核心素养的教育实践。同时，学生核心素养的获得也会给社会带来许多回报，包括经济、环境、金融以及道德等多个方面，学生的个人发展能够带动整个社会的发展。

第四章　现代日语教学的方法

第一节　直接法和翻译法

一、日语教学中的直接法

迄今为止，日语教学中的教学方法随着时代的变化，特别受教授主体和客体的变化影响已历经多次反复和变革。在中国的专业日语教学中，提到最多的教学方法有四种：语法翻译法、直接法、听说法、交际法。另外，提及较多的还有多种方法相互配合或融合的复合法、综合教学法、折中法等。本节我们研究直接法。直接法是在传统语法翻译法变革基础上，从音声学、语言学、心理学的研究中衍生而来，作为应用语言学相关的一个分支应运而生。它摒弃传统的"一切靠写"，充分调动人的眼、口、耳、大脑的协调能力，以"听、说"带动"读、写、译"等，在具体的语境中诠释语法和单词，让学生充分地理解，从而形成自我归纳总结的能力。对学生来说，直接法起点高，对教授主体和客体的配合度要求高、概念规则的导入难、理解认识难等，这一系列不足之处对直接法的实施和导入也产生了诸多障碍。但是直接法汽今仍然在很多外语教学中以不同的形式被灵活运用。这说明，直接法有着强大的生命力，具备自我更新的能力，以及适宜外部环境的能力。

（一）先行研究及问题提起

关于直接法的研究，大致可以分为三种情况。第一种是直接法和其他教学法的对照比较，或为复合教学法中的直接法；第二种是外语教学法中各个流派的介绍中所提及的直接法；第三种是直接法本身的研究。这三种研究从不同的视角对直接法进行了探讨和涉及。第一种研究诸如王国华提出了日语强化教学中对译法和直接法的作用和地位；王从直接法与语法翻译法的黄金分割点来剖析直接法和语法翻译法的适用比例；彭泽以翻译法和直接法的产生、发展及变化作为研究对象，对两种方法进行了比较详尽的对照比较研究；谭爽研究了日语基础教学中三种主要方法，即翻译法、直接法、交际法的具体运用；王以日语会话教学法作为研究对象，提出了翻译法和直接法合理并用的尝试；许静华在对高级日语课程教学法的探究中着重分析了直接法与讲授式教学法之利及互补的可能性；权玉华比较了翻译法和直接法的优势和劣势，指出基础日语课堂应采用"以直接法为主，翻译法为辅"的折中式教学方法；牟海涛试从中日大学的日语教育现场分析以语法翻译法和直接法为中心的日语教学法的应用，从不同的教学法的实施效果来探讨适合中国学生的教学方法；胡才玉在提高学生语言认知能力的日语教学法中着重探讨了直接教学法和对译教学法的异同点；桂玉植、倪秀梅对基础阶段日语精读课教学法进行了探讨，提出各种教学法的混合应用，其中包含了直接法的使用和作用形式；郑宝江综合了翻译法和直接法的优缺点，指出两种方法很好地结合及互补才能发挥最大的效果和作用。第二种研究诸如高井收分析了外语教学法中的各大流派，并对其起源及特点进行了总结和归纳，其中提到了直接法所处于的时间定位和主要特征；伊崎泰枝在法语和日语教育的对照比较中分析了各主要教学法的特点和产生的背景，同样提到了直接法的出现和应用特征及使用范围；韦宇菊从源的角度对教学法的各个流派进行分析。并提到了直接法的产生、发展和变化。第三种研究诸如张晋指出了外语教学主要方法中直接法的应用和实践；胡才玉具体深入地探讨了直接法在日语教学中的广泛使用等。从以上的研究我们可以看出，直接法的研究主要有两大倾向：①直接法和其他教学法的对照比较研究抑或是复合教学法中提及直接法的研究比较多，但是研究对象限定为直接法的理论与实践研究比较少；②教学法的发展及潮源的过程中提及直接法的内容不在少数，但是关于直接法当前的发展变化情况以及适用情况的理论和实践研究比较少。

（二）教学法的分类与直接法的定位

关于教学法，追今为止主要有以下几种代表性的方法。按照出现的时间顺序大体为：18 世纪到 19 世纪的语法翻译法，接着是 19 世纪末出现的直接法，再到 20 世纪 40 年代出现的听说法，然后是 20 世纪 70 年代初期的交际法，最后是一直延续至今的复合教学法，也可以称之为综合教学法或者是折中教学法。这五大教学法产生的时间不同，产生的背景及使用对象也有着鲜明的差异，其注意的核心要素也存在着很大的不同。

直接法起源于 19 世纪末 20 世纪初，是通过运用目标言语本身进行教学的方法，最初由法国人古因（Gouin）提出，也有人把它称为自然法或口语法。直接法产生的直接背景在于传统的语法翻译法需要改革和创新，这种单纯依靠语法解释的方法难以适应新的外语学习和教学。直接法的代表人物是德国人贝立兹（Berlitz）和英国人帕默（Palmer）。贝立兹提倡在语言教学中营造与儿童母语自然习得同样的学习环境，并采取与之相适应的学习方式。帕默则相信，习得语言是一种习惯，在不断地运用和学习中，它最终会变成一种新的习惯。直接法是对儿童语言学习的一种天然的模拟，提倡将语言与其所表现的东西进行直接的关联。在外语教学中，只有目标语言，而没有自己的母语，借助多种方式、外在途径及手段直接学习、直接理解、直接运用。直接法的主要理念有以下几种：

（1）不依靠母语，直接接触外语来学习；

（2）重视音声，体现听、说、读、写的学习顺序；

（3）意义的解释直接与实物、图画及动作相关联；

（4）语法以归纳性的形式进行导入。

在这些理念的作用下让直接法有着传统的语法翻译法所无法比拟的优点：可以不考虑学习者的母语背景；教授者不需要掌握学习者的母语；在初级阶段对培养学生的听、说、读、写能力有很强的效果。直接法在外语教学中的优势越来越大，与强化外语专业学生跨文化交际能力培养的目标不谋而合。

（二）直接法的导入

1. 直接法导入的背景分析

我们先将目光重新放到国内所有的日语专业，至少有五大要素影响着国内日语专业的教学，因此需要对直接法的导入进行重新审视和思考。这五大要素分别为：日语专业及学生数量急剧扩大、日语教师的成长、多媒体教学手段的充实、国际化办学模式的探讨、外教专家制度的活用。接下来，笔者以某双一流大学日语专业的情况对直接法的导入背景进行分析和说明。

（1）日语专业及学生数量急剧扩大。根据日本国际交流基金发布的《2018年度海外日语教育机构调查》显示，中国人日语学习者人数已经达到了104.62万人，跃居世界第一位。全国开设日语专业的大学有500多所，日语教育机构多达2435家。A大学日语专业从以前的2个班、4个班到现在每个年级10个班左右，年招生人数超过250人，四个年级的学生总数超过1000人。此外，算上"专业+日语"模式的学生以及把日语作为第二外语的学生，总人数超过1500人。这个规模大大地超过了以往的任何时期，在全国高校中居于第二位。规模的扩大、人数的增加，同样伴随着多样化教学模式的产生。另外，大部分的学生在高中阶段学的是英语，习惯了直接法，因此他们对日语教学直接法的需求也是比较强烈的。简而言之，专业和学生数量的增加催生了教学法多样化的变革，为直接法的回归奠定了对象基础。

（2）日语教师的成长。根据日本国际交流基金发布的《2018年度海外日语教育机构调查》显示，中国的日语教师已经超过2万人。随着国际交流开展得越来越广泛，以及交流层次的不断提高，特别是日本节部省和国家留学基金委员会所开展的高水平的学者互访和博士留学生项目，同时加上近几年来日本的十万人留学计划和现在的G30计划，均为中国培养高水平的日语师资力量提供了很好的平台。大量的本科生在日本读完硕士或者博士回到祖国，大量的日语教师通过各种各样的交流项目赴日进行学术交流，还有国际交流基金组织的日语教师研修班，都极大地提高了我国日语教师的视野和教学水平。以A大学日语专业为例，所有的教师均有留学日本的经历，在日本获得硕士和博士学位的教师比例已达到了40%。这些教师迅速成长，成为活跃在日语教学第一线最具活力的新生力量。其中，教师成长的最大的一个成果就是直接法的亲身经历者，更容易成为直接法的亲身实践者。在日本对直接法耳濡目染的教师的增加和成长丰富了日语教师的队伍，为直接法的导入奠定了实施基础。

（3）多媒体教学手段的充实。伴随着多媒体教学的广泛应用，以前直接法所无法解决的抽象或者是难以理解的问题就可以借助多媒体迎刃而解。抽象概念的解释、抽象事物的说明、抽象理论的导入，往往通过更为直观的展示或者是归纳、推理，借助视频、音频等多种现代化手段达到事半功倍的效果。这样的做法不但节省了直接法中教师的辛劳，同时为学生的理解、接受、解决问题提供了捷径，也提高了学生对直接法的认可度和配合意识。随着我国高等教育投入的不断增加，多媒体教学设备也得到了很好的普及。以A大学日语专业为例，几乎所有的专业课都能够使用多媒体教学设备，同时所有教室都覆盖了互联网。多媒体教学手段的改革和充实是直接法扬长避短的最佳方式，为直接法的实践奠定了物质手段。

（4）国际化办学模式的探讨。由于日语教学面临着更多的国际协同和对接，中国本土培养的学生要无缝对接到日本国内的日语教育，特别是更多的"3+2""2+2""4+1"等本科交换模式的不断扩大和实施，更需要国内的日语教学与日本的日语教学接轨。日本由于要对全世界的日语学习者进行统一的教育，也就是说只能采用直接法来进行日语教育。这样一来，中国的日语学生也毫不例外地适应直接法。作为适应的最好方式就是保持直接法教学的延续性，也就是让学生接触日本直接法教学之前能在国内完成对直接法教学模式的适应。这就要求国内日语专业在教学中扩大直接法教学的应用比重。以A大学日语专业为例。A大学日语专业已经与日本20多所大学建立了校级交流合作关系，每年约派出80~100人直接去日本留学。日语教学的国际协同和对接让直接法成为国际化日语教育的不二之选，为直接法的教学导入奠定了方向基础。

（5）外教专家制度的活用。随着日本国际交流基金的大力推行，JICA 包括日本语教育协会和中国对外友好协会、各地外国专家局等机构的大力协作，外国专家制度在国内的日语教育方面扮演了重要的角色。这些外教中虽然有熟练掌握中文的专业教师，但是他们更多地采用日语作为教授语言的直接法。他们是直接法最坚定的实践者，他们也是站在直接法改革创新最前线的实施者。目前按照一般日语专业平均 1~2 名外教的标准，中国现在也有大概 1000 名外教左右。以 A 大学日语专业为例，当前约有 10 名外教教授日语口语、日语写作等方面的课程。外教专家制度的活用使得直接法教学得以具体完整的实现，为直接法在日语教学导入奠定了样本基础。

2. 直接法导入的可行性

基于上述五大要素，直接法的导入有了一定的基础。那么，直接法的导入是否具有可行性、是否能够为教师所采用，这仍然是一个需要思考的问题。究其根本，直接法导入的可行性还包含了其他一些重要的因素。接下来，我们就逐一地分析和说明这些要素。

（1）教师的个人成长为直接法的实施提供了保障。这其中的个人成长包含了至少五个重要的层面。第一是教师的成长过程中海外留学进修机会的增加和灵活利用；第二是国际间学术交流和学会的盛行让一线教师参与学术交流成为可能；第三是海外学历教育的延伸和拓展直接为日语教学培养了更多的硕士和博士等；第四是教师亲身体会和实践的机遇性大大提升，亲身经历者最容易成为亲身尝试者和实践者；第五是本身利用直接法教学的教师大量涌现，有不少对自己的教学方法有一定勇气和信心进行尝试的教师。教师的个人成长加速了直接法的导入进度，使得直接法导入的可行性大幅增加。

（2）学生的综合发展为直接法的实施提供了前提。这其中包括当前的外语教育，特别是初高中的英语教育发生了重要的改革和变化。换而言之，即是初高中英语教学的改革和发展中直接法的比重越来越高，特别是一些具有国际化办学特色和具有外国语学校性质的初高中，直接法的导入比例更高。在直接法熏陶下走入大学的日语专业的学生同样需要直接法的延续。另外，外语专业学生多元文化理解态度的转变也让直接法有了拓展的空间。传统的外语教学法已经牢牢地束缚了学生对多元文化理解的直观性，拒杀了学生自我理解和自我尝试的积极性。随着越来越多日语学习者这种开放的多元文化理解态度的转变，直接法的适用范围和推行广度都会得到迅速扩大。随着网络技术的进步，日语学习者对海外文化接触和理解的渠道也在逐渐增加，同时参与多种文化交流活动和实践的可能性也在增加，这些都为直接法导入的可行性增加了有力的砝码。

（3）教室的多媒体环境为直接法的实施提供了基础。语音教室的扩充，卫星电视配置的完备化，多媒体课件展示的日趋完美化，课堂教学各种媒体手段的综合利用，各种日语专业课程中精品课程的设立以及当前日益发展的翻转课堂教学模式，很好地弥补了直接法的不足。把抽象、难以理解的概念事物及思维模式最为直接和生动地展现在学生的面前，看得见、听得清、摸得着，自然接受起来便更加容易。另外，伴随着多媒体环境的整备而配套的信息的全球化环境为直接法的应用提供了支撑。多媒体环境的整备、卫星电视的广泛应用、网络环境的良性发展，这些都使得直接法导入变得更加的轻松和可行。

综合以上可以看出，在直接法的导入方面，直接法的导入主体（日语教师）和客体（日语学生）都已经具备了良好的内部条件，同时作为外部媒介条件的硬件（多媒体及信息全球化）也完全达到了要求。这些足以说明，直接法导入具有可行性。

3. 直接法导入的阶段性及注意事项

（1）直接法导入的阶段性。每一种教学法的具体导入和实施都不是一而就的，也不是千篇一律的。这里面同样有着不可忽略的要素和需要注意的问题。专业日语的学习本身有着不同的阶段，每个阶段有着不同的学习特点和教授特征。因此，根据专业日语学习的阶段性特点，直接法的导入也需要有自身的阶段性。笔者根据自己的教授经历和专业日语教学大纲，以及当前日语教学的课程设置等要素，将专业日语教学大致分为三个阶段：初级、中级、高级。以四年制本科生为例，按照其学习时长以及专业能力要求，初级大致为一年级，中级为二年级，高级为三四年级。每个年级对应着不同的课程，每个课程对应着不同的教学法。那么直接法的导入就可以按照这样的三个阶段进行相对应的导入。

1）初级阶段。鉴于学生的接受能力和课程设置的特点，可以采用混合导入的形式。例如，基础日语同一门课配置中国教师和日本教师穿插进行，日本教师负责直接法教学；或者是中国教师根据教学内容，部分采用直接法；或者中国教师负责基础日语，日本教师用直接法教授口语或听力，混合导入。

2）中级阶段。在这个阶段，可以采用部分导入的形式。中国教师可以在一些特定的时间和特定的范围内采用直接法，并不断扩大日本教师采用直接法进行教学的比重。

3）高级阶段。在高级阶段，基本上采用直接法全面导入教学内容。例如，高级日语、高级视听说、高级读解等课程，完全可以按照直接法的教学模式进行教学，最大限度地发挥直接法的优势，将多媒体教学和其他教学手段混合起来，让直接法得到更加充分的施展。

（2）直接法导入的注意事项，如前所述，虽然直接法的导入可行性已经具备，也可以按照阶段性的原则加以推进和实施,但还有一些问题需要作为教授主体的日语教师加以注意和留心。

1) 教材的选用。直接法比较易于和以交际能力为主的教材搭配使用,传统的以语法练习教授翻译为主的教材并不太易于适用。

2) 课型的设定。听力、口语、基础日语、高级日语等易于使用直接法教学,其他的专业课程因为有很强的专业背景和中国要素或是涉及翻译的内容不宜使用。同时,即使是基础日语,其中有些特别抽象的语法项目也不宜使用。

3) 课堂互动。充分的导入过程和课上的交流必不可少,不是教师单方面的灌输,而是在留心注意观察学生举动的同时适时、适地、适量地采用直接法。

4) 教授者之间的协调。同一个学习者群体的不同教授者之间要保持信息的畅通,如同一班级的各种课程的教授者教授的内容及进度的协调要时刻注意。

5) 学习者的评价和反馈。无论怎样使用直接法,最好的办法都要及时地对学生的接受过程和学习效果进行跟踪和反馈,从而寻求改进和提高导入效果的办法。

在直接法导入的可行性前提下,在导入的阶段性制约下,充分地了解和重视导入过程中的问题,这样直接法才能够更好地发挥功效,才能够更好地为教授者服务,为学生服务,以此达到日语教学的目的和效果。

二、日语教学中的翻译法

(一) 什么是翻译法

翻译是一种最古老、最常用的语言教学方式。无论是在国内,还是在国外,在日语教学中都有广泛的应用。欧洲拉丁语、希腊语在18世纪后期的大部分教育方式都是采用文法翻译。翻译是一种从古代到现代外语教学中的一种传统的教学方式。直到今天,无论出现了多少种新的教学方法,翻译仍然非常流行。翻译是指依赖于自己的母语来教授一门语言。把所学外语的句子、词汇全部翻译为母语并加以理解的一种方式。语法、句型和词汇的解释均为母语。但在实际教学中,经常会有母语和外语并用。由于采用了以翻译为主的教学方式,因此很少有人注意到语音、说话等方面的指导,而翻译既是教学的工具,又是教育的目标。作为一种最早的外语教学方式,翻译法是历史发展的必然结果。译文教学培养了一批适应时代要求的学生,具备了一定的外语阅读能力。

(二) 翻译法的特点

首先,要了解并记住句子的构成、语法规则和不规则用法,并且要把它们背下来。在掌握了这些基础知识后，将原文与译文进行对比，逐字译为母语（也可进行反向操作）。这种教学活动一直在重复，所以，虽然阅读的能力可以得到改善，但在其它方面却很难达到预期。老师的首要任务是对学生进行语法的阐释和准确的翻译。尽管也进行了原音的读音，但未注意到它的发音。翻译方法具有以下特点：

（1）对语篇的关注；

（2）以高智商为目标的学习目标；

（3）教师必须具备语言学习的知识，但不需要较高的教学技术；

（4）可以在同一时间对许多学生进行教学；

（5）促进吸收外来文化；

（6）练习心理活动。

（三）翻译法的教学原则

翻译方法应遵循以下几条教学原则：

（1）将语音教学、语法教学和词汇教学有机地结合起来；

（2）在阅读上走在前面，注重阅读与翻译技能的发展，同时兼顾听力和口语的训练；

（3）以文法为主导，以文法理论为指导，对文本进行翻译；

（4）以母语为依托，把翻译作为一种教学工具和一种教学目标。

在课堂上，老师不一定要说流利的外语，而是要根据原文，逐字逐句地进行翻译，用自己的母语来表达自己所学的语言。在课堂上，可以更好地掌握和选择考试方式。

（四）翻译法的优缺点

翻译教学的主要内容是翻译，很少进行口语和听力训练，其优势与劣势是：

1. 优势

（1）在阅读日语文学、翻译研究资料等方面，是一种有效的途径；

（2）使用词典、参考书等工具，能够自行学习；

（3）因为忠实地依照文法规则进行翻译，其精确度在一定程度上是可以预期的；

（4）如果老师不能讲或听不懂，也能教日语，其教学方法不一定要掌握比较困难的技术；

（5）在一次性上课的情况下，这是一种非常好的教学方式。

2. 缺陷

（1）这种教学方式主要依靠翻译，无法获取听和说的能力，所以不适合培养具有实际应用语言能力的学习者；

（2）由于把文本逐个译为学生的母语，因此，无论在何种情形下，都有一种不翻译就不安的习惯；

（3）发音不准确，语调不佳；

（4）不会说话，语言表达能力较差。

从某种程度上讲，没有什么比用翻译法更容易，也不会浪费时间。但从未来的角度来看，这一做法存在着一些风险。

1）我只看懂了内容，却没有看懂文章的结构。偶尔也会从原作中学习一些翻译过来的日语，这些语言都带有浓重的母语色彩。

2）如果不把它们逐字译成自己的母语，往往会形成无法理解的习惯。用"日语思考"到底有没有可能，尽管大家对此意见不一，但我们也不能让学生养成不懂日语的习惯，也不会因为不了解他们的语言而感到不安。比如，有些同学，老师会拿出一些实物来让他们理解日语的含义，但是他并没有接受。老师把日语中的字的含义告诉了学生，他就明白了。

一旦形成了这个习惯，哪怕已经达到了一定的程度，但如果不将自己所听的话变成自己的母语，在脑海中重新构建，他也不会有任何的反应。当然，反应迟钝的人，即使是用肉眼就能听懂的语言，换了母语也无法听懂。养成这样的习惯的人，不管在任何情况下，都会用自己的语言来表达自己的意思。到了中级阶段，他很难理解日语之间的细微差异，而这些细微的差异并不能被完全地转化为自己的语言。

学会翻译与依赖日语是两回事。在自己国家学习日语，要想找到一份工作，很多时候都需要具备一定的翻译能力。在这种情况下，有效的翻译技能需要在高级或专业培训课程中得到训练。译者的水平取决于日语的能力，而非取决于他们自己的语言。在外语教学中，如果经常使用自己的母语，会造成许多的误会。这个看法最好是提前让学口语的同学明白。

从上述角度看，利用母语学习一门外语，对了解一门外语有很大的好处，而且在特别节省时间。所以，我们要更好的使用自己的母语。随着科技的发展和教学实践的不断积累，译文在吸收其它教学方法的优势的同时，也在不断地改进和提高自己，使自己在阅读的同时，又兼顾了听说、写能力的培养。因此，在教学中，教师的教学方式更加多样化，更加灵活，从而使课堂教学更加活跃。

三、直接法和翻译法的区别

（一）日语教学中直接法的主张

与翻译相比，直接法在日语教学中的应用有以下特点：采用直接法，教师会在教室里创造出与学生的真实生活相类似的情景，并将情景与语言相融合，以便于学生的理解和把握；逐字翻译可以使学生正确地理解单词的含义；日语教学中，老师若主动使用母语进行翻译，会使学习者无法用母语来理解和表达，而许多固有文化词汇（例如，饮食、生活、习俗），则不能直接翻译，必须采用直接的方法。

（二）日语教学中翻译法的主张

与直接法相比，日语教学采用翻译法的特点是：它的操作相对简单，无需准备繁琐的可视化教材，可以减轻老师的工作压力；通过翻译，使学生对文本的理解更加准确，通过词汇和句子来理解全文的结构和含义；在此基础上，翻译方法可以使学生更早地掌握各类抽象词汇，从而达到学生的学习需要；在教学的早期，教学内容的起点就比较高，教师可以利用多种有趣的阅读材料进行教学；老师可以提前在教室里教授文法，借助词典等工具，学生可以自行学习。

（三）直接法和翻译法在日语教学中的结合使用

直接法与译法各有利弊，许多日语老师主张二者兼而有之，但在这一过程中，却产生了两种观点：有些日语老师主张日语教学应该采取"直接式"，而译式则以"直接式"为主，这种方式更有利于培养学习者的语感，更加动态、直观；有些老师则主张日语教学应该采取"以译文为主，以直接法为辅"的教学模式。作者认为，从母语教师的语言特点来看，这种教学方式可以更好地促进学生的语法学习。日语教学应采取"直接法""译法"相结合的教学模式。日语老师可以在课堂上运用日语的方法，为学生营造一个较好的环境，让他们在开始的时候就能接触到一些常用的句子、发音，培养他们的思考能力，从而为以后的深入研究打下一个坚实的基础。具体而言，日语老师可以把教室环境分为导入、模拟、联系三种，利用物理或网络教学平台设置情景模拟，再由老师讲出基础句子，让学生进行各种练习，以增强外语应用和听说的能力。在采用直接法的情况下，日语的教学不能完全否认译文的存在。在合理的教学时间安排下，应把直接法与译法相结合。如日语的词形转换、日语的动词分类等，都是很麻烦的，若采用直接法，会增加学生的阅读难度，从而导致教学时间的延长，因此，在这种情况下，我们首先使用翻译法来解释，然后使用直接法，可以有效地提高学生的学习效率。

日语教学中的直接方法与翻译方法各有利弊，而直接法则注重对学习者的理解力的培养，使其能够熟练地运用多种不同的句式；翻译方法注重对教学相关要素的规范，使其更有利于学生的学习。日语教师应注重二者的有机结合，充分发挥其优势，提高课堂教学的有效性，确保学生的听力、口语、阅读、写作能力的全面发展。

第二节　情境式教学法

一、情境式教学的相关论述

（一）研究现状

1. 国外研究状况

外语教学法产生至今已经过几百年的发展，其中许多教学法曾经风靡一时，但也有一些教学法因其本身的不足而被新的教学法所取代，而另一些则是通过不断的自我完善与改进，至今仍然沿用至今。

随着社会的发展，培养具有复合型创造性的人才，国外的外语教育也从单一的语言教学转向了语言与内容的融合。我们在此讨论的不仅仅是学生在学校学习的所有科目，还有那些他们感兴趣的非科目。此外，由于教育学、语言学和心理学等与外语教学有关的学科的介入，使得外语教学的发展出现了新的变化。造成这一现象的原因有四：一是对外语学习的目标的重新理解；二是对外语的研究；三是对外语学习的基本理论；四是对语言与人类的认知关系。这些都与交际函数论的形成与发展有很大关系。"交际能力"一词是由社会语言学家海姆斯根据乔姆斯基的"语言能力"提出的。

海姆斯相信，一个人的语言能力，除了乔姆斯基所说的"是否能够创造出符合文法的句型"之外，还要考虑到是否能够正确地运用这门语言。乔姆斯基第一个提出了"语言能力""语言运用"这两个层面的观点。交际学理论认为，只有在一定的环境下，才能进行和完成语言的交流。从二十世纪七十年代起，交际函数理论就表现出了旺盛的生机。当今，在外语教学中，如何提高学生的外语交流能力已成为当今世界外语教育的一个主要目的。

2. 国内研究状况

在我国，外语教育有着自己的特点。作为一个学习外语的大国，我们仍然缺少一个良好的语言环境。正规的课堂教学是学生学习外语的重要途径，因此老师的教学在学生外语能力的发展过程中就显得格外的重要。一直以来，语法翻译法一直是我国外语教学的主要教学方法。随着教学改革的不断推进和新的教学理念的推广，人们越来越觉得翻译法存在着很多的局限性。在结合我国的实际情况的基础上，同时借鉴了国外的一些先进的教学方法，我国的外语教学专家和学者创造出许多新的教学方法。视听法在20世纪60年代被引进国内。20世纪70年代末，具有兼收并蓄结构的情境交际法被引进国内。情境交际法以基本的语言结构为切入口，在情境中操练语言，使学生在实际交际活动中学会并掌握使用语言的本领。从20世纪八十年代起，我们对"整体式"的教学进行了深入的探讨。该教学法强调利用声像教学的方式，以外语为载体进行教学。20世纪90年代，章兼中提出了情境、结构、规则和功能（交际法），要求学生掌握一门语言，首先要掌握语言的意义、结构、规律和运用语言的能力，在此基础上培养理解、掌握书面语言的能力。2001年，教育部出台了《外语课程标准》，提倡"任务型"教学法，以提高学生的综合语言应用能力。《外语课程标准》提出，为了实现学生的能力目标，教师应采取"任务型"的教学方法，以明确的任务为导向。学生通过实践，思考，调查，讨论，交流，合作，运用语言来完成学习任务。"任务型"教学法在促进学生的语言技能的同时，也能增强学生的学习动力、激发他们的学习兴趣、制定学习战略、培养协作精神和加深对文化的了解。同时，"任务型"教学模式有利于培养学生的思维能力、想象力、审美情趣、艺术感受、协作能力和创新能力，加速了外语学科与其它学科的相互渗透和相互联系。

（二）情境式教学的定义、理论基础、原则、优势

1. 定义

情境教学是指教师在课堂上有目的地导入或创造出具有特定情感色彩的、以形象为主体的生动具体的情景，或是通过让学生参与到丰富多彩的社会实践活动中来激发他们的学习动力和兴趣，从而更好地理解教材，提高语言交流的能力，促进他们的身心发展。情景教学相对于传统的教学方式，它将语言、行为、情感情感等因素结合起来，以调动学生的情感和兴趣为中心。

2. 理论基础

（1）克拉申（Krashen）监察模式。克拉申监督模型在二语习得理论中有着深远的影响。在克拉申监控模型中，引入假说与情绪过滤假说为情景教学的发展奠定了基础。那么，输入假定是什么？输入假定是指学生在学习外语时，在掌握了比自己所掌握的语言能

力更高的情况下，能全面地了解其含义和信息，从而获得知识。克拉申指出，高于学习者当前水平的语文教材必须具备以下特点：①易懂；②不仅有趣，还有关；不是语法程序安排；输入量足够多。克拉申把一种情绪障碍称为"情感过滤"，这种障碍会影响学生与周围的环境。克拉申认为，在"情绪筛选"的前提下，学生的情感因素，如动力、性格、情感状态，会过滤掉他们接触到的语言输入，对习得语言的吸收产生影响。有清晰明确的学习目的，学生有了学习的动力，就会有很大的提高；那些性格开朗、自信的学生能够在各种学习环境中获得更多的知识，他们就能很快地取得进步；学生若是经常没有饱满的状态、情绪低落，他们学到的知识就会相应地减少，取得的进步自然就会慢下来。因此，日语教师要结合克拉申监察模式理论，将情境式教学应用到日语教学中来。准备语言材料的时候，教师一定要考虑学生是否能够充分地理解它们。同时，教师要选择那些和学生生活实际相关的语言材料，以激发学生的学习兴趣，使学生更好地理解语言材料。除了注意语言材料的选取之外，教师在教学中还要将情感因素对语言学习的影响考虑进来。

（2）建构主义学习理论。瑞士心理学家皮亚杰和苏联心理学家维果斯基是建构主义的代表。在皮亚杰"同化"与"顺应"思想的基础上，维果斯基的"近期发展区域"学说，形成了自己的知识观、学习观和教学观。建构论认为，在教学活动中，学生在积极建构知识方面扮演了举足轻重的角色。建构论的知识观认为，知识并非是对真实事物的一种客观反映，而是一种对客观事物的解释和假设，并非所要解决的问题。建构主义学习理论认为，任何一门课程的学习都要建立在学习者的已有知识经验的基础上，而不是简单的传授知识，而应基于自身的经历，对所传授的知识进行重新理解和加工，进而获得对自身有用的知识，并建立起属于自己的知识系统。②建构主义教育学的观点是：在传授知识的过程中，教师要注重对知识的分析与理解，并以其原有的知识体验为依据，以学习新知识。教师在教学中的作用应该由知识的呈现与灌输者转变为建构学生自己的知识系统。建构主义认为，在教学过程中，应注意到学生所建构的知识结构，并以自己的知识经历为基础，以建构自己的知识结构为依据。教师不仅仅是单纯的知识传递者，更是一个积极的知识结构的工程师，是整个教育过程中的一个重要环节。建构主义认为，教师应以学生为主体，充分发挥学生的主体性，提倡合作式的学习，使学生在相互的沟通、探讨中获得更多的知识。

（3）情景认知的研究。情景认知理论是 20 世纪八十年代产生的。科林斯、布朗和杜基德都是语境认知理论的重要代表。语境认知理论认为，知识传授应以学生为中心，教学内容应与实际生活紧密结合。情景认知理论与学习理论的三个发展阶段是相互促进的。

第一个阶段：受"从刺激到反应"的行为学说的影响，人们认为人类的思考是由简单的刺激向反应的，忽略了人类的主观意识，因而被认知理论所批判，并由此推动了语境认知理论的发展。

第二个阶段：认知学习理论认为，人的认知、分析和获取信息都是由大脑思维来完成的，并非由外界因素自发形成的。人的学习依赖于人的认知结构以及外界的刺激。

第三个阶段是建构主义的学习理论，它要求教师从纯粹的知识传递到学生的信息、知识体系的构建。在建构主义的基础上，认知和学习的形成，是学习理论转变的标志。情景教学从情景认知理论中得到的理论基础是：与母语相比，学生在学习中缺乏真正的语言环境，因此，教师要充分运用多种教学技术，尽可能地为学生提供真实的语言环境。

3. 原则

（1）实用性原则。在外语教学系统中，情境是对学习有促进作用的重要因素。教师要按照课本的要求，设计出与学生日常生活相适应的、真实的、实用的情境。也就是说，教师要根据自己的实际情况，设计出与实际生活有连贯性、有意义、有目的地互动的情景。情景的设定要做到真实、自然，同时运用实物、适当的教学工具、图片、音乐、视频等手段，以情景化的方式影响、引导学生进入到学习的主题中，并使其自然而然地运用一定的语言。通过创造具有现实意义的情景，不仅可以激发学生的学习兴趣，还可以促进他们的外语综合应用。

（2）创造性原则。情景有助于激发学生的创造性。也就是说，学生在学习语言的过程中，不管是在虚拟的环境中，还是在现实的环境中，学习语言，在原有的听、说、读、写等技能的基础上，通过观察、记忆、思考、联想、想象、创造等一系列的认知活动，将日语中的语言转化为自己的"日语"，也就是真正掌握了使用日语的能力。其实，情景教学的目标是让学生学会使用自己的语言，而不是死记硬背。教师要把所学的知识与所学的新知识相结合，并作好铺垫，对所要用到的语言资料进行适当的估算，从而为他们在特定的环境中进行恰当的交流。这种自然的交流是一种主动的、创设性的、非盲目的模仿和复制的过程。

（3）交际性原则。语言的基本功能是交流功能。交际功能是指在实际情况下，通过语言的灵活运用来吸收和传播信息。听，说，读，写是四种交际活动。交际是一种双向的语言交际过程，它是听者、说者、读者和作者之间进行有意义的信息传递。

一切使用语言的交流都是在特定的环境下进行的。在这种环境下，学生的学习兴趣被充分激发，并充分利用了自己的潜力。在课堂上，学生的主动参与、主动思考、主动探究、主动地去做，对自己有了更多的自信和更强的求知欲。

4. 优势

由于起源于视听法，在教学过程中，情境式教学运用声像效应来导入或创造情境，使情感、情境、情绪三者相互融合的教学方式。情境式教学有以下四个优势：第一，在情境式教学的过程中，注重情感的输入，提升教学内容的效果；第二，情境式教学将多媒体教学手段融入进来，适应时代发展的需要；第三，情境式教学能够激发学生的自主力，产生学习兴趣；第四，情境式教学不再局限于课本内容，采用生活情境回归现实，增强了学生的日语实践能力。

（三）情境式教学可以创设哪些情境

1. 模糊情境

模糊情境指的是画一些简笔画，让学生来猜测日语使用的框架，并用以前所学的日语进行表达。

2. 音乐情境

音乐情境指的是通过放音乐让学生学习日语。日语歌曲不仅能渲染课堂氛围，更能稳定学员的心境，使课堂节奏得到适当的调整。放音乐可以比较容易地将学生引入特定的情境中。例如，教师在讲解日语语音的时候，可以采取听日语歌曲，填写歌词的方式帮助学生正确记住假名。

3. 体态情境

身体环境是指使用行动来模仿环境。在课堂上，学生可以通过活动来有效地记忆句子和对话。教师应从语言节奏中选取能够表达语言含义的行为。当教师找到合适的动作时，学生就能有效地理解他们所学的内容。学生可以一边听教师说，一边做动作。

4. 生活情境

语言来自生活，只有贴近生活，学生才能够学好日语。所以，在日语教学中，我们要将教室化作一个浓缩的社会，将鸟兽、花草、亭台楼阁等"请到"教室，让学生在现实的环境中感受、感知、记忆、思考。比如，当老师解释"你好"时，不要让学生生硬地记忆语法和句型，可以采用情境式教学。教师可以给出一个求职面试的情境。教师让两名学生到讲台上进行角色扮演，一位扮演上司，询问求职者，另一位则充当求职者，回答上司的问题。其他学生找出他们对话中的不妥或错误之处，并加以改正，之后教师向学生讲解正确的礼节和习惯。这样，不仅锻炼了学生的观察力，还能使他们对所学的知识加以运用。

真正地让学生在实践中学习知识。

5. 游戏情境

游戏情景是把教学内容与游戏相结合的一种方式。这种情景教学不但能激发学生的日语学习动机，而且能营造出一种轻松、愉悦的学习气氛，从而提高他们的学习热情。将适当的游戏添加到日语教学中可以使学生对日语的学习兴趣得到提高。游戏教学注重学生主体性，要求学生和家长的共同参与，充分发挥了教师的主导性、学生的主动性。比如，老师在解释"能，可以"的同时，还可以说出几句话，让学生自己去猜测。

6. 文化情境

任何一种语言都具有其自身的丰富的文化意蕴。在日语课堂上，老师要根据课本，适时地介绍日本的文化和习俗，比如收礼、节庆等；通过学生对不同文化的敏感性，培养他们的认知能力和语言习惯。比如，在假期里，老师可以在上课之前向学生们介绍节日的名字，或是简单地解释一下节日的起源。这样既能让同学们更好地理解日语的风俗习惯，又能弥补文化教学的不足，并能透过文化的对比来提高日语的学习兴趣。

总之，情景教学是一种很好的提高日语教学质量的方法。情景教学可以营造轻松愉快的学习环境，让学生置身于与自己的生活密切相关的环境中，感受到亲切感，积极参加各种活动，有效地让学生"在做中学、学中用"，从而不断提高日语教学的质量。

二、情境式教学在日语课堂上的具体实施

近些年来，我国日语教学改革的步伐越来越快，情境式教学逐渐被引入日语专业的课堂，其目标是创造一个能够反映日语学习规律和学习者学习心理特点的学习情境，学生的主观能动性得到充分的发挥，使他们能够在一个极富美感的情境中，掌握日语的技巧，陶冶情操，磨练意志，达到大规模提高日语教学质量的目标。将情景化教学运用于日语课堂，能有效地改变传统日语课堂死板低效的状况，提高课堂的生机。通过生动的图像增强对教材的真实感，用真实的情感激发他们的意识，是实现情景教学的根本条件。在北京召开的 21 世纪国际外语与情景教学高级专家论坛上，专家们认为，改革和创新永远是推动我国教育发展的最大动力！情景教学是日语学科素质的重要体现。情景教学是把现代技术与日语教学相结合的一种方法，在日语教学中营造一种立体的学习氛围，使日语的综合应用能力得到明显的提升。所以，在日语课堂上，教师要给学生创造一个生动的学习环境，让他们能够在情景中对日语的所学知识进行正确的理解，并将其应用于实际生活中，从而达到"内"的目的。日语教师在进行情景教学时，应注意以下几点。

(一) 以情境表演的形式对日语课堂教学进行优化

1. 利用情境导入课文

教师首先应该吃透教材，知道教材的特点，以及教学内容的重点和难点在哪里。只有这样，才能够合理地设计情境。教师在进行情景设计时，除了要遵守环境设计的基本原理之外，还应考虑到所设计的环境是否能够与语言的形式与含义相协调。利用日语课堂上设计的情境帮助学生重新组合学习到的语言知识，通过模拟交际或者真实交际，培养学生在生活场景中运用语言的综合能力。与此同时，教师要充分地认识到情境并不是教学目的，而是实现教学目标的一种手段。设计的情境一定要以教材为基础，任何脱离教材的情境都是不切实际的。日语专业的大学生是日语教师教学的对象，因此，日语老师要了解学生，并根据学生的特点来设计情景。只有通过情景化的方式，才能激发学生的情绪，使他们积极主动地参与到日语教学中。在导入课文的过程中，教师可以通过播放视频、讲故事、提出相关话题等方式引入课文，也可设计和课文内容相关的问题情境，引起学生的兴趣。

当然，无论是设计什么样的情境，教师都要以课文的体裁作为基础。通常情况下，叙事类的课文可采用讲故事的方法或进行对话的方法；说理类的课文可采用观看视频的方法；提问法则适合所有的课文。很多教师都喜欢用提问法引入课文。通过问题可以激发学生了解课文内容的强烈愿望，促使他们集中注意力学习课文内容。通过将看到的情境和听到的语言建立起直接的联系，既形象又生动，学生的听觉感知和听觉记忆能力得到了培养，同时养成了直接用日语思维的习惯。在情境中理解语言意义，操练语言知识、训练语言技能，使学生综合运用语言的能力得到提升。教师在教学的时候，一定要先训练学生的听说技能，再训练他们的读写技能，以体现情境式教学的基本原则。情境式教学要求学生用日语进行交际，那么就必须在情境中完成听说活动。通过听说活动的训练，进而理解并掌握语言的意义、结构规律，提升运用语言的能力。在此基础上，进一步培养学生理解书面语言的能力。

2. 利用情境讲解课文

目前，各高校日语专业会根据自身的特点和培养学生的需求选择不同的教材。但是无论选择哪套教材，重点的语法和句型都会在相应的课本中出现。只有在特定的情境中，语法和句型才具有意义，学生才能够更好地理解和掌握。现在市面上的一些日语专业教材都强调教学与学生的生活实际相结合。主张在日语课堂上，教师所设计的交际活动情境要与学生的生活实际结合起来。这样，不仅能够增强学生学习日语的兴趣，同时也可以激发学生的学习兴趣和自主学习。日语教师要充分发挥多种教学环境的作用，创设出具有现实意义、生活化的日语交际情境，提高学生的课堂参与性，将所学的语法和句型知识应用到语言综合交际中。例如，日语里有很多的固定搭配。教师可以通过做一些动作来引出这些固定搭配，比如喝水、吃饭、吃药。同时，教师可以将学生分成若干的学习小组，让每一组派出一名学生表演，其他组的学生以抢答的形式用日语说出这名学生所做的动作。通过情境表演和教师精讲，学生可以很轻松地掌握这些固定搭配，顺利地完成教学目标。通常情况下，日语专业的教材由四个部分组成，即课文、会话练习、应用课文、课后练习。作为日语教材的核心内容，在课文这一部分里都会向学生介绍本课的重要句型和语法知识。根据教材的会话练习部分所涉及的话题，笔者进行了适当的拓展。接下来，笔者就来详细地介绍一些在进行课文、会话、听力、语法课堂教学时，教师应该如何设计情境。

（1）课文教学情境设计。

1）在讲解课文的时候，特别是导入新课阶段，教师可以和学生展开自由的交流，通过运用实物或者创设情境展现新单词、新句型，让学生学会利用各种感官来感知和记忆新的语言信息。同时，教师要注意所教的内容与学生的生活实际之间的联系，帮助他们灵活地运用这些日语基础知识。

2）教师在教学中可以借助实物、卡片、视频、动作表情等，帮助学生理解课文的内容，提高他们的日语听力水平。

3）学生在掌握了课文的内容以后，为了检验学生对课文内容到底理解到什么程度，教师可以根据课文内容对学生进行提问。问题问完以后，教师播放课文录音，让学生模仿语音语调，并进行听说训练。

4）复述。教师可以在PPT上给出课文中的关键词和重点句子，帮助学生复述课文。

5）改编拓展。教师应该鼓励学生在课文内容的基础上，对一些情节进行整合和补充。

（2）会话情境设置。培养学生的语言交际能力是情境式教学的终极目标。虽然教材中有很多习题可以进行替换练习，但是只靠机械的替换练习是无法达到熟练交际的目的的。因此，教师需要设计符合教学内容的情境，以达到语言交际的目的。

（3）听力教学情境设计。在听前准备阶段，教师可以给学生播放日剧里与所听内容相关的日常会话，在播放的过程中教师可以给学生介绍一些日本的文化和风俗。在听听力材料的时候，教师可以先提出几个问题，学生在听的过程中找到问题的答案。当学生能够理解听力材料的大意，并能正确回答教师提出的问题以后，教师要让学生试着复述听力材料的内容。当复述环节结束以后，教师需要组织学生将听力材料改编为对话，并以小组的形式表演出来。

（4）设计情境教语法。

1）教师需要根据所教的语法内容对语言材料进行精心的选择，创设合适的情境，找到突破口。教师可以把复杂的语法条目拆解成相关的几块内容，将它们编成日常对话，同时配上内容相符且生动有趣的图片或者视频。这样可以加深学生对语法点的感性认识以及定向的心理准备。

2）呈现和掌握对话。教师可以在黑板屏幕上呈现人物对话的视频，让他们边观看视频，边理解会话的大意。之后，教师让学生以小组为单位，模仿并表演对话。为了让学生能够灵活运用所学的语法知识，教师可以给他们提供一些单词和词组，让学生创设新的情境，进行意义性和交际性的操练。

3）点破语言知识点。当语言材料积累得够多的时候，学生对语法知识有了初步的感性认识。这时，教师可以组织学生对语法现象进行观察、分析、推理和归纳。

教师可以先让学生根据之前的操练提取抽象的语法知识，对于其中不完善和错误的地方，教师要进行适当的指导和修正，从而让学生学会在零散的、不成系统的语法现象中找寻规律。

4）在情境中操练。当学生掌握了规律性的联系以后，教师要让学生以小组的形式根据学到的语法项目编情境对话，在情境中操练。操练一段时间以后，教师随机抽取学生到讲台前进行表演。

5）对于学生容易弄混的语法规则教师要进行专门讲解，通过设计情境，对它们进行区分。

3. 认真钻研教材，创造、扩展情境

语言源自生活，与学生的生活实际息息相关。因此，教师要利用学生的各种感官，使教学内容变得立体化，可以被学生听到、看到、感知到。教师应该尽可能多地借助各种教学手段，比如实物、卡片、教具、视频，为学生创造一种近乎真实、轻松愉快的语言学习氛围，让他们体会到语境的感染和语境的暗示，从而自觉地使用适当的语言形式进行交际活动。

（二）在课堂教学中运用情境式教学增强学生学习日语的兴趣

我们可以通过很多的形式来开展情境式教学，比如组织口语交际活动，设计口语交际情境，角色扮演，观看日本动漫、日剧，听日语歌曲，做值日报告，口头复述。语言素材要以教材内容为基础，要贴近学生的实际生活，彰显时代气息。课堂上，教师要组织丰富多彩的教学活动，鼓励学生大胆地发表自己的意见，与其他同学展开自由讨论，相互交流看法，甚至可以进行辩论。教师需要根据不同的教学环节设计相应的情景剧，使枯燥乏味的语法知识变得轻松易懂，让学生在口语交际训练中体会到日语学习的快乐，提高他们用日语进行自由交流的能力。

1. 利用情境激发学生的学习动机

尽管日语专业的教师每天的工作都很繁忙，除了要完成教学任务以外，还要备课、处理家务事。但是，每个日语专业的教师应该意识到，人类已经进入了信息化时代，地球上的每个地方都被互联网紧紧地连在了一起，这正好为我们的日语教学提供了丰富的教学资源。日语教师可以充分地利用这一便利的条件，不断提高日语课堂的趣味性，创造生动活泼的语言学习氛围，激发学生的学习动机。笔者先对互联网上的一些日语视听资料进行筛选，选出一些与学生所学内容相关的音频和视频，比如日语歌曲、日本电影、动漫。在学生欣赏这些音频和视频的时候，针对其中的歌词和台词，在教师的指导下，让学生试着归纳和总结出一些词汇知识和语法现象。对于那些经过重新填词被翻唱的日本歌曲，由于学生早已熟悉它们的旋律，教师可以鼓励学生模仿原唱的语音语调进行哼唱，甚至可以举行一个日语歌曲模仿大赛，激发学生学习日语的兴趣。在课下，教师也要鼓励学生多看日语节目、日本电影，把自己听到和看到的内容应用到实际生活中，试着用日语进行交流，这是一个很好的学习动机，教师要好好加以利用。另外，在观看这些视频资料的时候，学生一定要注意其中展现的日本节化。在日本，人们非常重视长幼尊卑，人际交往的礼仪也非常多。如果对日本的文化不了解，使用得不恰当，就会影响到与日本人的沟通。因此，在观看日语视频资料的时候，特别是日剧，教师一定要嘱附学生仔细观察说话者之间的关系和其所使用的礼貌用语上的细微差别。例如，日本人通常情况下只敲两声门，若是敲三声则是不礼貌的行为，会冒犯到别人。一般情况下进到别人的家里，日本人是不可以戴墨镜的。秋天的时候，日本人习惯穿风衣。当你要去别人家拜访的时候，你一定要先把风衣脱掉，将里子朝外叠好才可以敲门。当要走的时候不能先把风衣穿上，而是要到一楼的时候才能穿上风衣。此外，在日本，车辆是靠右侧行驶的，因此过马路的时候一定要先看左侧，再看右侧。通过了解日语文化，使学生知道了哪些能做、哪些不能做、应该怎么做，在潜移默化中了解日本人的生活习惯。这不仅使课堂气氛得以活跃，还在教学中渗透了人文教育。

2. 创设互动活动活跃课堂气氛，激发学生学习兴趣

在课堂教学中，教师可以创造一些互动活动。笔者就在平时的教学中采用过类似节目主持的形式。笔者把教学环节拆分成若干个栏目，并围绕教学主题展开，且各个环节紧密相连，相映成趣，使得课堂教学更加生动、更加有趣。例如，大部分的学生都是从零基础开始学习日语的，最令他们头疼的就是日语单词了，不知道如何去记忆它们。笔者在教学中采用游戏的方式，帮助学生记忆单词。笔者组织学生玩起了词语接龙的游戏。前一个学生说出一个单词，后面的学生要接着前面那个学生所说的单词的最后一个假名说出一个新单词，接不上就算输。特别是在学生学习五十音图的时候，他们学习日语单词的兴趣一下子被激发了出来。有的学生为了在词语接龙游戏中不输，甚至整天捧着本日语词典来背单词。这不仅丰富了学生的词汇量，也为他们今后的日语学习打下坚实的基础。

3. 创造时尚情境

在平时教学的时候，笔者发现教材中总会出现一些比较晦涩的句子，离学生的生活实际比较远，学生理解起来很困难。为了能够贴近年轻人的生活和口味，笔者会把一些最近比较流行的表达方式介绍给学生，让他们可以以非常轻松的心态来体会现代日本年轻人的时尚生活和情境语感，并能构思和运用现在日本年轻人最常用的那些口头语。此外，很多00后的大学生都喜欢日本动漫，特别是近些年流行的二次元。教师要正确地引导学生的这些兴趣爱好，从某个兴趣点切入，将学生对二次元的兴趣转化为对日语这门语言的兴趣，使他们从内心渴望学习日语。通过这样的教学方式，平时显得枯燥的日语基础课竟成了学生最喜欢上的一门课，他们常常感觉课堂时间太短暂了，还没上够就已经下课了。可见，教师可以通过调动学生的情绪来完成认知的过程。情景教学是通过在特定场景中，创造出一定的逼真、拟真的场景，为语言的功能提供充分的例子，并激活所教授的语言知识。情境式教学具有生动性和形象性，能够将知识融入生动的情境之中，使学生产生学习兴趣，一改过去日语教学的呆板和枯燥。教师创设的情境越是生动、活泼、精准，对于学生理解语言知识越有利。情境能够激发学生的思维，使他们有所感悟，促使他们将内心的想法表达出来。因此，在课堂教学中，教师要充分利用实物、图画、动作、语言来创设真实的社会语言情境。除了采用听、说、读、写等多样化的教学方法来创设生动、形象的社会语言情境以外，教师也能营造出生动、轻松的教室气氛，激发他们的学习兴趣，提高他们的语言交际能力。

第三节　小组合作学习法

一、小组合作学习的相关论述

（一）研究现状

1. 国外研究状况

截止到目前，国外对小组合作学习的研究已经历时几十年了。美国、德国、日本、加拿大、澳大利亚、荷兰、以色列、尼日利亚等很多国家和地区的教师都在使用小组合作学习这一教学方法。小组合作学习逐渐成为一种越来越受教师和学生欢迎的教学观念和例行常规。

近年来，日本已经把"协动学习"作为一种教学模式。池田玲子的团体写作与馆冈洋子的团体阅读是这两种类型中最具代表性的。池田玲子把"协动学习"方法引进了作文学习中，把学习者分成对或分组，同学们就他们的作文提出了自己的看法，然后再进行反复的推敲。小组活动不仅局限在写作后，还包括对作文题目和写作的完整进行探讨。通过小组讨论，同学们可以互相解释，使自己的观点得到进一步的完善和深化。由于学生的个性特征和文化背景的不同，外语会话和写作的作用也不尽相同。通过小组合作学习，可以很好地解决处于同一水平的学生的不同观点，并在不知不觉中相互反馈，从而使写作推论成为一项具有弹性的教学活动。池田玲子曾说过，小组合作学习可以帮助学生建立社交联系，并提高他们的写作水平。这是一项很有意义的研究成果。馆冈洋子提出了"团体阅读"的概念，即"阅读理解"。小组合作是指学生在进行交流时，利用各自的能力，进行合作学习。学生们一边读着，一边向对方提问，同时解答对方的疑问。除了对文字和理解的问题外，团队还会对论文的结尾进行一些预测，有时还会提出自己的看法，甚至是讨论，以此来加深对这篇论文的理解，并对自己的价值观和思维模式进行反思。小组成员不但要回答老师的问题，而且要回答其它同学的提问，以提高他们的自主性。合作是团体阅读中最重要的概念，也是指人们在一起进行的具有创造性的活动。馆冈洋子相信，协动合作可以让团队成员之间进行合作，并进行创意活动，从而实现他们的价值。她把"协动"（即合作）的学习称为"协动学习"，这是一种新的学习方式。团体写作与小组阅读是以"协动"为核心的小组合作学习，并且显示了成员间的互动关系。

2. 国内研究状况

从 20 世纪 80 年代后期起，在国内开展了关于小组合作学习的理论与实践的研究，取得了一些成果。但是，由于偏重对理论的引介和探讨，将小组合作学习应用在教学当中也是最近这些年才开始的。很多高校的日语课堂都采用教师主导、学生被动听课的教学模式，采取小组合作学习模式的比较少，积累的经验自然也不会很多。在对学习者推敲作文的小组反应实验做出的研究里，我们能够看到在小组活动中我国学习者有如下不安：通过小组活动学习，第二语言知识不完全的学习者能够相互学到他们需要的知识吗？从有准确知识的教师那里学习不是更有效吗？也许，对于彼此熟悉度比较高的学生而言，他们可以相互学习，但如果有较高的熟练程度，是否会从较差的学生的团体活动中获益呢？在这些实验的基础上，中国海洋大学的王文贤进行了一次实验。以某大学日语专业的 44 名学生为研究对象，王文贤用了 8 个月的时间做了 8 个试验。他要求 44 个同学听一篇大约 200 字的短篇，并在小组中进行重新创造。王文贤的实验为学习者的合作式会话提供了一种有效的资源支持。这一实验证明了"协动学习"可以让不同熟练度的学习者在协动对话中互相学习，从而达到双赢的目的。这也说明了学习者很乐意接受这样一种积极的、相互合作的学习方式。所以，日语老师们极力主张，让学生们在一起合作的情况下，完成共同的任务。以改变过去以教师为主的教学模式向以学生为主的教学模式的转变。另外，在日语听力、阅读和会话的教学实践中，吴二林曾运用小组合作学习的教学方式，取得了很好的教学效果。吴二林的实验结果充分证实了小组合作学习有利于提高学生学习日语的兴趣，能够培养他们良好的口语学习习惯和用日语进行交流合作的能力。

（二）小组合作学习的定义、理论基础、原则、基本要素、基本方法

1. 定义

合作学习又称为协作学习。它起源于 1970 年代初期，在美国，并于 1970 年代中期至 1980 年代中期有了长足的进步。团队协作是一种既有创造性又有实践意义的教学理念和方法。它是一种以团队为基础的教学组织方式，通过系统地运用各种教学动力要素的相互作用来推动学生的学习，并以集体表现作为评判标准，使教学目标相互影响。

2. 理论基础

小组合作学习是以社会学、心理学等学科为基础的，它具有一定的理论根据。建构论认为，学生的认知活动是以学生为中心的，注重主动、社会性和情境性的。在整个教育过程中，教师并非知识的灌输者，而是帮助学生建构知识的过程，在创造有意义、平等的师

生互动对话中，开发不同资源的学生资源，从而提高课堂教学质量，促进学生在近期发展区域的人格发展，积极建构知识意义。②美国社会心理学者班杜拉指出，人的学习在很大程度上是在社会环境中进行的，而发展则是通过社会的学习来实现的。班杜拉把观察学习分为注意、保持、动作再生、强化和动机四大阶段，并着重指出社交学习的情境，尤其是人际关系在学习中的作用。这对强调团队合作学习的学生来说是很有启发性的。需求层级说是美国心理学家马斯洛提出的。马斯洛相信，人类的社交需求，即与别人的互动，在很大程度上促进了人们的学习。美国知名心理学家和教育家罗杰斯提出了"以人为本"的课堂教学模式，这是一种新的教学方法。罗杰斯指出，教师的工作就是给学生提供各种学习资源，创造学习环境，使他们能够自主地学习。为此，教师要采取一系列的对策，如："实施同侪教育，充分发挥同学间的相互引导""集体学习、自主选择学习模式""结成交友团体，为个人创造一个诚实的交流空间"等。这一观点与小组合作学习的观点十分吻合。

3. 原则

（1）适合性原则。适应原则是指我国日语教师应结合学生的特点和课堂实际进行教学活动，而不是照搬和复制国外的教学模式。在外语教学中，运用目标语进行会话是进行小组合作学习的先决条件。但是外语教学在我们国家的课堂上开展的小组合作学习是允许学生使用适当的母语的，这样有利于教学活动按照既定设计方案顺利地开展。同时，学生很重视教师在活动中的指导。因此，教师在组织学生进行小组合作学习的时候应该注意以下两个方面。

1）有关母语的使用。长期以来，人们都会一种心理因素所左右，认为母语会干扰外语的学习，因此在外语教学中要尽可能地避免使用自己的母语。然而，从社会文化的观点来看，母语是一种促进人类思维发展的媒介，它对外语的学习起到了积极的促进作用。在实行小组合作学习时，特别是在日语学习的初期，老师不必强制要求学生以日语代替汉语进行沟通。学生运用自己的母语，可以帮助他们进行更深层次的认知活动，从而实现对话和知识内化。

2）教师所起的作用。在团队合作学习中，教师的角色从传统的传授知识到学生学习的辅助者。角色发生了变化，必然会对学生自主学习能力的培养起到促进作用。但是，教师的讲解对学生的作用也是不能被忽视的。特别是在教学活动中学生需要较多地使用母语的时候，教师的讲解成为向学生提供规范的日语表达、帮助他们改正错误的重要一环，是不能缺失的。开展小组合作学习活动不等于放弃教师的讲解。在小组活动中，教师要组织活动，协助学生完成会话，并进行必要的解释。

（2）阶段性原则。日语专业的课堂教学长期以来都是老师讲授，而学习者却是被动地学习。在日语专业教学中引入小组合作学习，要求学生在一定程度上要经历一段适应期。阶段性原则是指在学生的语言能力、接受能力和课堂实际情况的基础上，循序渐进地进行小组合作，使学生逐渐习惯于此。阶段性原则有以下三方面的含义。

1）合作学习活动步骤的分层。在威利斯（Willis）的基础上，埃利斯（Ellis）提出了应该把任务型教学分成任务前阶段、任务中阶段、任务后阶段三段流程。埃利斯认为，任务前阶段和任务后阶段的活动可有可无的，但是任务中的活动是必不可少的。受埃利斯观点的影响，教师一直以来都很重视设计和实施任务的中阶段，忽视任务前阶段和任务后阶段。笔者在多年的教学实践中发现，无论是任务前阶段，还是任务后阶段，抑或是任务中阶段，它们对于小组合作学习来说都是很重要的，教师需要精心地设计每个阶段。为什么这么说呢？首先，如果学生没有小组合作学习活动的经验，那么教师的指导就显得格外重要。教师需要在任务前阶段和任务后阶段投入更多的精力。

2）在传统的课堂教学中，分组式的学习和小组式的学习。在外语教学的发展过程中，教师讲解、背诵、机械语言培训等传统的外语教学方式一直备受诟病。近几年来，国内外有关外语教育的理论与实践都表明，传统的课堂教学不仅有利于巩固学生的语言知识，而且有利于提高听、说、读、写等语言能力。从这一点可以看出，传统的教学方式与小组合作学习各有利弊，其侧重点也不同。传统的学习方式强调学生掌握基本的语言知识和熟练的语言技能，而团体学习则强调探索和构建知识。如果说传统的教学方式是基础，那么团队协作是提高学生素质的重要手段。在国外日语教学中，小组合作的教学模式往往贯穿于课堂教学中，乃至一学期之久。我国日语专业大部分学生在进入大学后就开始学日语，因此在课堂上要通过传统的教学手段来提高他们的英语水平，巩固他们的语言基础。所以，在日语课堂中引入小组合作学习，并不能完全替代传统的课堂教学方式，而是要把二者有机地结合在一起，把握恰当的比例进行教学活动。

3）日语初等和高年级的分组协作学习活动。我们可以从两个角度来思考这个问题。首先，就像前面提到的，日语专业是在升入大学后才开始学日语的，所以，在日语的初期，我们要多做些老师的引导，以打下良好的外语基础。在外语教学中，教师逐渐加大了小组合作学习的力度。其次，在小学、高中阶段，小组合作学习的内容也是不同的。最初起步阶段主要是为了让学生打下良好的日语基础，可以通过小组合作的方式来学习外语。到了更高层次，则可以进行以学习日语教材内容为目标的小组合作学习，这样既能扩大学生的知识，又能锻炼他们的思维能力，还能提高他们的人文素质。

（3）制度的基本原理。当前，国内外的团体合作学习活动多处于设计、实施和验证阶段，具有很强的随机性。系统化是指在整个课程中组织好各种活动，并使其真正融入到课堂。基于系统化的原理，将小组合作学习引入日语课堂，应注意以下两个方面：

（1）将活动与评价结合起来。评价是学生学习成绩的一种重要检验方法。近年来，学术界对评价的作用有了新的认识，认为它不仅仅是一种衡量学习效果的工具，更是一种激励、调节学习过程、帮助教师反思的工具。小组合作学习是以学生为中心，把学生看作一个学习团体，以分数决定优劣的方式来评判学生，这明显与"合作"的活动目标相违背。本节作者认为，在评价团队协作学习的过程中，可以参考池田铃子和馆冈洋子所提出的自我评价、学生之间互评的方法，并与老师的评价相结合。这种方法可以考虑到学生对老师的评价期望，同时也能体现出小组合作学习的特征。

（2）确保持续的活动。日语教学在长期的实践中已经形成了一套完整的教学系统，它包括生词、语法、课文、应用练习四大部分。学生对教学过程中各个环节的教学目标、教学方法都比较熟悉，易于参与。小组合作学习是一种全新的课堂活动，为了让学生适应和适应，老师可以通过小组协作的方式展示一部分教学内容，创造一个小组合作学习的课堂，确保活动的进行，而不会让学生感到老师只是"一时兴起"。

4. 基本要素

小组合作学习具有五大要素，具体分析如下。

（1）积极互赖。正面的互赖性是指学生要意识到，他们不但要对自己的学业负责，而且对本团体中的同学也要承担责任。

（2）团队精神和个人责任心。团队合作和个人责任是指团队工作的整体完成程度决定团队的整体表现，而团队的整体表现则会影响到个人的整体表现。

（3）促进面对面交流。面对面的互补式交流是指学生有机会相互讲解所学知识、相互帮助、理解和完成作业。

（4）团队协作能力。团队协作能力是指希望全体同学能够进行有效的交流、指导团队活动、建立和维持团队成员间的互信、有效地化解团队内部的矛盾。

（5）由专家组成的自我评估。团体自我评估是指合作学习团体必须对集体活动进行定期评估，并使其持续有效。

这五大要素是团队协作活动中不可或缺的。团队协作的核心是积极互信、团队协作和个人责任。运用团队协作技巧，以面对面的交流、团体自我评价等方式，达到团体学习的目的。

5. 基本方法

在以下五种基本的团队协作学习方式中，进行了具体的分析。

（1）学生小组成绩分工法。分组学习方法是将学生分为四个不同的小组。老师首先进行教学，接着是小组学习，最后是独立的测试。得分采用提升得分法，将小组成员的进步得分汇总起来，形成团体得分，符合一定条件的小组可以得到承认和奖励。

（2）分组比赛。由约翰斯霍普金斯大学创立的团体竞赛规则。这个办法是用来替代每周的小考。在同一组中，成绩相近的同学进行比赛，以获得相应的分数。老师会根据每周的比赛结果，对学员进行动态的调整，以保证竞争对手的水平。

（3）分段接合。阿伦逊和他的同事们一起设计了切片拼接方法。每6个人一组。将学习资料分成几部分，由各个小组的成员组成"专家组"，讨论所分配的学习内容。然后，大家就各自回自己的小队，轮流教导自己的队员。而斯莱文，则是由著名的教育心理学家，对切块拼接方法进行了改进和完善。小组成员参与测试，对小组分数进行评分，符合预定条件的小组将得到认可。

（4）共同学习。明尼苏达大学的约翰逊兄弟提出了"共学法"。由4到5个同学组成不同的小组，由老师来分配每个学生所要完成的作业。小组合作完成一项任务，老师根据小组的表现给予表扬和奖励。

（5）小组调查。特拉维夫以色列沙伦夫妇发明了一种群体调查方法。每一组都会从所学的课程中选择一个子主题，并把它分成几个独立的作业。小组成员进行必要的学习，以作预备组的汇报。最后，由各小组作一次演讲，展示给同学们听。

任何一种学习方式都有其特殊性。小组成绩划分和团队游戏比赛采用了老师讲授与团队活动相结合的方式，前者注重个人得分，后者则强调平等的成功机会。切分拼接法则是指向同学们传授他们所讨论和学习的知识，而对于其他人来说，只有仔细聆听他们的解释，才能获得更多的知识。共学模式更注重小组组成，小组自我评价，推荐小组等级等。团体调查规则适用于把获得、综合和分析信息结合起来的探究问题。如历史，文学等。

（三）日语教学中如何处理教与学的关系

1. 日语教学要以学生为主体

"教学"，顾名思义应教会学生学习，然而有的教师却是为了教而教，从教出发，为教服务，不管学生是否能够学会。这些教师上课的实质是以教为中心，教师讲，学生听。这在日语精读课上表现得尤为突出。这种课教师讲得虽然精细，但分量太少。教学实践表明，这种方法的有效性不高。学生掌握了一定的语言知识，却没有掌握听说读写的语言技能。要让日语成为一种交流的工具，就需要将教学的重心从教转到学。

学生的学习是一项自主的行为，不管老师怎么教，最后都要靠自己的努力去掌握，没有人可以替代。可见，学习的内在因素是学生，而老师的教学则是学习的外在因素。外在的原因要靠内在的原因，教师的一切教授活动最终要落实到学生的学习活动上。这就是说内因最终起决定作用，因而教学要以学生为主体。目前，一些先进的教学理论对教与学的关系进行了深入的研究。苏联的赞可夫提出的"使学生理解学习过程"的原则和美国的布鲁纳（Bruner）倡导的"发现法"的核心是把学生看成学习的主体。近年来，出现了一些新的外语教学法，如外语启发式教学法、默教法、程序教学法等，这些方法的共同点之一就是以"学习者为中心"。以学习者为中心的实质是让学生在学习外语时有一种安全感、轻松感，不怕错、不羞于开口。教师要"默教"，起指点作用，要让学生大胆实践。在日语教学中以学生为主体就是承认学生是学习的主人，教是通过学而起作用的，日语主要不是教师教会的，而是学生练会的。因此，上日语课要让学生敢于开口，多说多练日语。为了鼓励学生敢于实践，日语教师要创造生动活泼的课堂气氛。

2. 日语教学要以教师为主导

日语教学既要以学习者为中心，又要以教师为中心。教学是一种双向的、对立统一的关系。在整个教学过程中，教师起着重要的作用。由于老师懂日语，而学生不懂日语，因此，要学日语，必须从老师那里学。一名合格的日语老师应该具备一定的日语知识，丰富的文化知识和一定的教学能力，正确的世界观，高尚的品德。教师在教学中要起到传道、授业、解惑的作用。笔者根据先进的外语教学理论和多年的教学经验将外语教师的主导作用概括为下列四个方面。

（1）引导学生明确目标，激发学习动力和坚韧不拔的学习意志；

（2）根据外语学习的规律，运用科学的外语教学原理，根据学校的教学实践，组织教学流程，达到最佳化、交际化的目的；

（3）传授学生科学的学习方式，尤其是自我教育；

（4）结合双基教学和交际能力的培养，发展学生的智能。

上述四个方面是从宏观层面对教师主导作用的概括，此外我们也要从微观层面探讨在外语教学中发挥教师主导作用的具体做法。比如，老师在备课中善于把握要点、难点，在课堂上做画龙点睛的解说，给学生留出足够的练习时间，不仅要动脑子，还要动手，还要说话。基本就是领悟，消化，巩固。同时，老师们也不能代替学生去查字典，找资料，还要在课堂上对学生进行预习，在课堂上解决疑问，以及"导演"学生的口语练习。

课中气氛要活跃，使全班学生兴趣益然，个个跃跃欲试地要参与语言实践活动。教师可问学生，学生可问教师，还可师生互相提问。教师要和蔼可亲，正确对待学生说练日语时出现的错误，讲究纠正方法，不要使学生因怕出错误而羞于开口不敢大胆练习。为使课堂交际化，应广泛运用日语、音频、视频、图片等多种形式，让学生能在所提供的情境中进行对话、讨论和回答。一堂课从讲到练，随着教学内容和进程的变化，方法要多样化。当然，在日语教学中教师主导作用的发挥不止这些，上述的做法仅仅是作为举例而已。

3. 日语教学要以言语实践活动为主线

教师要正确处理"教"与"学"的关系，真正做到"以人为本"与"师"相结合。在教育中，学生的学是老师教的，老师的教是教给学生的。可见，主体性与主导性互为补充。在日语教学中，怎样把学生的主体性与教师的主导性结合在一起？教学实践表明，只有将学生组织在一种"以口语为主线"的交际教学中，才能使二者达到统一。日语是一种交流的手段，而日语作为交流的工具，则离不开听、说、读、写等语言的实际运用。所以，以日语为主线的语言实践活动是其重要的工具。

日语的教学，不管是教，还是学，都要以实际的语言活动为基础。教师在交际活动中起着主要的主导作用：选择合适的语言素材、设计最优的教学途径、合理地组织交际化教学。在日语教学中，学生的主体性主要体现在：通过教师组织的交际化教学中，积极地进行语言实践，并最终成为一种交流的工具。

二、小组合作学习在日语课堂上的具体实施

（一）教材的选择

日语综合课作为日语本科专业的基础课，尤其对日语初学者来说尤为重要。该课程涵盖了听、说、读、写、译等各方面的技能，同时也涵盖了日本节学、语言学、社会文化等方面的知识，堪称日语基础课程中最多、最广泛的一门。通过对日语的学习，使其达到一定的学习效果。所以，在教学过程中，如何选用与团队协作教学相适应的教科书显得尤为重要。我校选择了《基础日语综合教程》作为教学材料，这是由于它与团体协作教学的基本原理相吻合。这一致性体现在三个方面。

1. 话题贴近大学生活

该教材突破了以往的文法教学模式，以学生为起点，围绕着"人际交往""日常活

动""大学生活""日语学习""情趣爱好"等不同的教学内容进行教学。

2. 形式多样

本教材既重视语言输入，又重视输出。在教学过程中，采用图表、图片、对话等与单元主题紧密相关的多种形式，打破了以往的单一教学模式，让教材既有实用又有趣味。

3. 方法富于启发性

在教科书的文本设定中，没有明确地给出语法信息，只有一个引子，让学生通过查阅工具获得语法知识。另外，在作业完成后，还有一张评估表格，方便学员及时地检查自己的成绩。

本教材在主题、形式、方法等方面都与小组合作学习理论相一致，为小组协作教学的实施打下了良好的基础。

（二）教学活动

在引进小组合作教学法前，为了解日语综合课的教学效果，作者以2017、2019两届日语专业93名本科生为研究对象，进行了问卷调查。课程内容涵盖了学生在课前、课中和课后的学习。调查结果显示，多数学生对小组合作学习的认同程度不高，主要有两方面的原因：第一，中学阶段的学生对老师的依赖性较强，集体完成作业的意识较弱；二是由于学生对小组合作学习的基本认识不足，在意识层面上很难把团队协作与个体的学习联系起来。

然而，通过对学生的问卷调查，我们可以发现，将小组合作学习应用于大学日语课堂教学是一种可行的方法。在此基础上，作者于2017年十月到2019年十二月间，对93位2017、2019届日语专业的学生进行了分组式日语教学。从整体上看，可以把英语教学分为合作实用型和合作翻译型。

1. 合作实用型活动

合作实践活动是以解决日常生活中的一些简单问题为核心的活动，然后通过小组协作来培养学生学以致用的学习态度。为了达到这一目的，作者在课堂上组织了一些与学生生活密切相关的教学活动，例如：问路，指路，点餐，采访身边的人或事，模拟应聘工作等等。在各种活动中，问路和指路活动的完成率都较高，反映出小组协作的结果。本研究以2017级学生40人为一组，由不同的小组轮流担任"问路"和"指路"，在"问路""指路"等环节中，学生要填写"转运点"等。同学们以小组为单位，在领队的领导下，围绕着指路的方向进行了积极的沟通，并根据每个小组的特点，进行了相应的活动。该活动透过模拟现实情境，至少在两个层面上加强了日语初学者的协作能力。

（1）本研究旨在解决日语教学中，听说与读、写之间的脱节现象。该活动使学生置身于与课本无关的真实情境中，激发他们运用日语正确表述的路径的积极性，把阅读和书写中所学的知识重现于实践之中。这样既巩固了读、写的基本知识，又训练了听、说的能力，使传统的听说读写比例达到了很好的平衡

（2）本课程让同学们了解教科书中的标准答案与实际运用之间的差异。日语的学习虽然遵循了语法规律，却无法应用到现实生活中，这也是很常见的现象。透过合作实践，我们可以看到，在日语综合课中，将日语与大学生活紧密结合起来，并鼓励同学们结伴而行，共同参与，既能提高他们对日语的运用，又能让他们更好地运用日语的语言。

2. 合作翻译型活动

合作翻译活动是指在日语文本中，采取小组协作的方式进行翻译。我们都知道，英语教学既是一种学习外语的手段，也是培养一批精通本族语言和外语的人才的重要手段。尤其是对日语专业的学生来说，翻译工作尤为重要。由于中、日两种语言都有汉字，但它们的含义却各不相同，这就造成了日语专业的学生容易出现"中文""中国日文"等错误。本研究的目的是让学生加深对日中两种语言的不同认识。因为目前的学生还处在学习阶段，所以翻译的内容主要是一些比较随意的、与大学生活相适应的风格，选择了约1000字的日语短文作为汉语的译本，并以小组形式进行。在小组协作的过程中，同学们在避免"望文生义"和"思维转换"等方面都得到了很大的提高。首先，小组合作的翻译可以从某种意义上消除学生对汉语的"望文生义"和"日本中文"的错误，他们并未完全弄清中日文词汇的相似性和差异，从而产生了日本中文的表述。通过分组讨论，同学们要准确地掌握中日文语言中的单词和上下文的关系。其次，小组合作翻译在一定程度上影响了学习者的思维转变。通过分组讨论，学生了解到日语中的谓语通常放在句子的最后，而汉语的谓语通常放在句子的前部，因此在翻译过程中要把中日语的思想转化为正确的语言，并选择与汉语习惯相适应的词语。

总之，通过小组合作翻译，使同学们了解中日两种语言的不同之处，从而为他们更好地掌握中日两种语言提供了依据。

第四节　任务型教学法

一、任务型教学的相关论述

（一）研究现状

曾文雄对不同的任务型教学模式进行了分析和评价。张静和陈俊森将日语写作与任务型教学相结合，并进行了实验，比较了两种方法在外语教学中的作用。王玉将任务型教学法运用到高校日语教学中，旨在改善日语教学的质量。朱彬鑫通过对日语专业英语口语教学的研究，探索了其优点与全端，以期对日语专业尤其是口语教学的改革有一定的借鉴意义。张文捷将"任务式"教学法运用于日语听力教学。杨曼对以任务为指导的日语基础教学进行了探索。侯立军对高职学生日语阅读教学中的任务式教学进行了简要的分析。项桂芬、吴丽丽和罗晶对日语二年级英语课堂教学中"情境+任务"的实施方式进行了探索。徐秋平试图从当前日语写作中的几个问题入手，对日语写作中的任务式教学进行探讨。郭燕介绍了"任务"教学方法，并对《饭店日语》这门高职日语专业的教学进行了探讨。姚伟杰以"变化论"为核心，对多模式教学方法进行了深入的探讨。吴梦以日语专业《综合日语》为实例，对其在英语教学中的具体运用进行了分析。何薇通过日语阅读课的实例，对高职院校日语教学中的任务式教学进行了探索。陈海笑对日语教学中的任务式教学方法的运用进行了探讨。潘红娅介绍了日语教学中的任务式教学与文法翻译相结合的方法。史小华就《高级日语》中的任务设计问题进行了讨论。石萌对《日语泛读》中的任务式教学进行了一次实践。刘丽对二外日语课堂教学中采用任务式教学进行了探讨。刘笑辉以吉林外语学院为案例，就公选二外日语课的选修课和选修生的特点，运用任务型教学的必要性与实际运用进行了论述。窦广乐以日语专业学生的自主学习为切入点，调查、比较、分析了他们在学习状况、教学方法（任务式）改革前后的变化。刘玮莹从实践中的案例出发，简述了在英语课堂中运用任务式教学的方法。杨拓在大学英语专业日语二外教学中，探讨了任务型教学与小组协作教学的方法。刘阳对日语教学中的任务式教学进行了探讨。袁媛对《基础日语》日语专业的"任务式"教学法进行了深入的探讨，并提出了相应的解决办法。

（二）任务型教学的理论基础、原则、优势

1. 理论基础

（1）系统功能语言学，作为20世纪最有影响力的语言学理论之一，系统功能语言学由韩礼德（Halliday）在60至70年代创立。在那时，以乔姆斯基为代表的转变产生学派处于鼎盛时期。在系统功能语言学出现以前，人们把语言看成是一种抽象的符号体系。对它的构成合规律展开研究，却忽视了语言的社会功能和动态地使用语言。系统功能语言学将语言看作社会符号，从社会的角度去诠释语言和意义。系统功能语言学对20世纪80年代以后出现的语言教学方法产生了重要的影响，其中就包括任务型教学。韩礼德（Halliday）认为，语言是一种社会行为，把它的本质归结为一个社会，我们在语言教学中，既要注重形式，又要注重功能，把这些功能转换成语言应用的能力，从而实现语言教学的最终目的。教师在教学中要尽可能地选取一些具有实际意义的教材。系统功能语言学从语言的社会属性出发，阐述了任务式教学强调语言的首要原因，引入真正的、地道的语言素材，并借助任务来营造与自然语言习得相近的环境。

（2）中介语理论。中介语是指在学习目的语过程中，第二语言或外语学习者所产生的一类语言，也就是和母语与目的语不同的一类语言。中介语理论认为，学习者的中介语系统在第二语言或外语学习的过程会是一个不断地向目的语系统进行过渡、靠拢的过程。科德（Corder），奈姆瑟（Nemser）、赛林柯（Selinker）他们三个是早期中介语理论的代表人物。从理论上讲，中介语理论已经从"以学习为中心"的方向发生了根本的变化。这是一个划时代的事件。通过对现有的假设的验证，构建新的假设，并通过修改、重构现有的中介语体系来促进第二语言习得，这是一个很好的例子。从关注与促进的观点来看，以学生为中心的任务式教学是对"教学中心"转向"学习中心"的一种有效的反应。

（3）认知途径。斯凯恩等学者指出，语言的掌握与应用存在两种不同的体系，一种是外语学习者建立基于"范式的语言体系"（即，人们必须迅速地回答问题，并在谈话中迅速作出反应），而建立"基于规则的语言体系"（这种体系相对于抽象的语法体系来说，理解和思考的过程要复杂得多，但对于更准确、更恰当的表述却是必不可少的）。斯凯恩的研究为任务型教学的研究提供了一个新的视角：任务与语言习得的关系，可以让研究者把注意力集中在哪些任务上，让学生更多地注意到哪些任务能让学生更多地注意语言的流利，哪些任务能让学生更重视语言的精确性。在不同的任务中，有些任务会让语言使用者更加注重流畅性，有些任务会让他们更注重语言的精确性，而有些任务会让他们更注重语

言的复杂性。

(4)"输入假设"(interprivate content)。基于词素序列的研究,克拉申是美国著名的语言教育家。克拉申认为,在词汇的学习次序上,二语学习者与幼儿的母语习得次序是相同的,母语、年龄、教学并不会对其有任何的影响或限制。在此基础上,克拉申提出"输入假设",即学习者只能获得较高程度的可理解的输入。"输出假设"提出了一种新的理论,即输入要比输出更早。克拉申给出了一个"i+1"的表达式(i 表示一个人目前掌握的语言能力,i+1 表示他已经掌握的语言能力)。克拉申认为,"习得"是一种可以被理解的输入,而不是输出。虽然"输入假设"理论引起了很多争论,但它对任务型教学有很大的影响:输入是外语学习的关键因素,虽然不能说完全,但也是必不可少的;输入什么、如何输入一定要从"学"的观点来考虑,这样才有可能取得想要的结果。在任务型教学中,这两个方面都受到了高度的关注。

(5)根据"输出假设"理论,哈奇是二语习得中第一个提出语言输出的重要意义的人。斯维因发现,在加拿大实施的"基于内容的教学"和"浸入式教学"的实施效果,虽然学生已经掌握了大量的可理解性口号,但是仍然无法准确流畅地进行目标标语的沟通,这与"输入假设"理论的预期相违背。哈奇认为,"可理解的输出"是一种有效的学习方法,它可以促进学习者在学习过程中自觉地培养学生的语法能力和注意语言的形态,从而提高学生对语言问题的重视程度,从而对学生的学习效果进行测试。"输出假设"在任务型教学中的应用非常有用,它可以给学生们带来很多的交流机会,让他们能够更好的表达自己的观点。

(6)社会制度的理论。社会建构论认为,学习与发展是一种不能被教会的社会合作行为,它是学习者自身的创造,而非别人的创造。社会建构论强调学生个体根据自己的经历来建构客观的认识和意义,注重学习的过程,反对单纯地教授已有的知识,注重与他人的交流。在此基础上,任务型教学能充分发挥学生的个性,培养学生的综合能力,创造良好的学习环境,培养学生的自主探索能力。龚亚夫和罗少茜把社会建构主义的学习理论归纳为"自律""自我""自信""自主""自择"和"互动"六个维度,并指出"任务"在这六个层面上确实体现了其自身的特点。

2. 原则

著名的语言学家和外语教育家诺南(Nunan)提出了"任务"教学的七条基本原则。

(1)扶助性原则。是指在完成一项任务之前,为学习者搭建一条桥梁的工作。埃利斯(Ellis)认为,"扶助"由两个方面的内容组成:一方面是认知需求,另一方面是情感状态

（2）任务相依性原则。任务相依性原则就像讲故事一样，在教学中，学生的学习任务要互相配合。

（3）循环性原则。循环性原则是说，学生要学会一门外语，必须经过一段时间的反复重复，因此教师要为学生创设能够接触不同形式的目标语的各种情景。

（4）主动学习原则。主动学习是指学习者为了提高自身的能力和获得最好的学习结果而采取的一种主动学习策略。

（5）整合性学习原则。整合性学习原则指的是学习者注重语言形式、语言意义、交际功能这三者的融合，因此教师在教学中一定要让学生意识到语言是一个整体。

（6）由模仿到创造的原则。由模仿到创造的原则指的是任务的设计对学习者从模仿语言的阶段过渡到创造性地使用语言的阶段具有促进作用。学习者如果只是一味地模仿语言是无法学会语言的，他们只有在不同的环境下使用学习到的语言才能够最终学会语言。

（7）反思性原则。反思性原则指的是为了使学生能更好的掌握语言，老师要引导他们对所学的知识和完成的任务进行思考。在任务型教学中，反思是一项非常重要的原则。龚亚夫和罗少茜在总结了任务型教师的教学理念之后，提出了"形式和意义相结合"的新原理。他们还总结出了七条教学原则，其中的扶助性原则、任务相依性原则、循环性原则和大卫·诺南（David Nunan）的是一样的，另外四条原则是：

1）形式与意义的结合原则。形式与意义的结合原则指的是学习的根本，是以语言的形式和意义为基础的，注重教学的设计，强调将语言的形态与功能相结合。

2）诚实的原则。真实性原则是要使学生在现实生活中尽量多地接触到各种真实的语言素材、真实的情境。

3）中庸之道。在做中学的原则就是把语言的学习看成是一个"做"的过程：通过对语言的有意义的运用，学生可以发展自己的语言体系。

4）互动性。互动是指学生在完成一项工作时，通过互动，提高输入和输出的可能性，从而掌握一门外语。

3. 优势

在人类社会的生产与生活中，语言是最主要的交际手段。任务型教学就是在这种思想的指导下，在培养学生熟练运用外语的方法和熟练的语言技巧的基础上，逐渐地提高自己的外语表达能力。它的优点是：

（1）提高学生的兴趣。教师在教学中运用具体的任务工具，学生在相关的背景知识和场景指示中，运用已知的语言来表述，保证学习任务的顺利完成。任务型教学能够让学生学以致用，明确自己的学习目标，提高学习的主动性和时效性。教学目标明确，教学事例通俗易懂，词汇、语法、句型的运用更为精确、合理，对知识的渴求也越来越强烈，经常有"意犹未尽"之感。

（2）增强教学目标。在确定了学习目的的情况下，课前预习，课中解惑，重点是理解与记忆，能更好地促进学生的学习，从而达到事半功倍的效果。在课前预习阶段，通过学习词汇，语法，句型，逐步培养学生的自学能力。大二下学期完成国家日语4级考试后，基本日语的两个学年四个学期的能力训练奠定了扎实的基础，使学员们形成了积极主动的学习习惯，为日语能力的第一次考试作了充分的准备。经过前期的基础知识积累和自我培养，大多数学员已经形成了一套适合自己的教学方式。因此，在日语教学中，在习惯养成和能力的培养上，任务型教学有着很强的实用性。

（3）加强语言的综合运用。就语言学习而言，尽管有些学生已具备丰富的词汇、文法和应试技能，但一旦进入实际语言环境，就会发现词汇使用不当、语言转换缓慢、对话反应滞后等问题。这也是日语教学中越来越多采用任务式教学的原因之一，目的在于更好地解决目前日语教学中存在的问题。

二、任务型教学在课堂教学上的具体实施

2016年，作者作为日语一年级《基础日语》的授课老师，所采用的是上海外语教育出版社《新编日语》的第1卷，采用了以任务为指导的教学方式。新修订的《新编日语》，参考普通高等学校日语课程的教学大纲，涵盖了语音、词汇、语法、句型等方面内容。假名和语音的入门顺序是一到五节，而篇章式的解释则是从六节开始，分为前言、会话、阅读三个章节，同时将文化、风俗、社会等内容融入到学校、社会、家庭生活等章节。除日常会话外，还增加了书信、日记等应用文字，让学生能更好地了解和掌握日语应用文字，从而丰富自己的知识面。这次，作者选取了《新编日语》第1卷第9课目《家族写真》的教学任务。之所以选择"家庭"作为关键词，主要是它与学生的实际生活紧密相连，他们很容易就能够回忆起自己在成长中发生的那些有趣的事情、生活的经历、个人的感悟，他们能够有话可说。在开始讲解这一课之前，大一新生已经步入大学校园10周时间了，他们慢慢地适应了大学的生活，专业课的学习也逐步走向正轨。在重视对日语学习的兴趣的同时，日语的入门也着重于使其形成一个良好的学习习惯。日语教学的深入，使学员对日语的学习有了一定的了解，对外语的运用也有了很大的提升，这为他们以后的日语学习奠定了良好的基础。在完成了前八节课后，日语的教学重心逐渐转移到语言技能

的培养上，此时教师的任务式教学可以激发他们的学习热情，激发他们的语言表达意愿。作者的母校为学生提供了一周四次的日语课程，每次两节，总共 90 分钟。此次任务的编排是根据教学时间来编排的，包括课前作业、课中作业、结课作业、结题作业等。

（一）课前任务

通过分析课文题目的背景知识，倡导学生自主学习词汇、语法和句型。在第一节课中，作者要求同学们根据这门课程的题目来讲解背景知识。现在的大学生主要是 00 后，随着网络的发展，他们的知识水平和个人能力都有了很大的提升。00 后的孩子们，除了向老师和前辈请教，更多的时候，就是通过网络来解决问题。在一项"有问题时该向谁求助"的随机问卷中，42 名受访者中 31 名选择使用因特网。这为理解任务教学中的背景知识奠定了坚实的基础。此次活动的目的：以日语介绍中、日两国家庭的组成。从班级中随机选取一位同学，每五分钟进行内容汇报，并请他们对中日家庭的特征、差异、问题等做一个比较详尽的说明。随机化教学法更能激发学生的学习积极性，培养学生的"危机意识"。该项目完成度较高，但未达到所有人都参与发表的意愿，仅有 6 位同学参加。在第一阶段，参加人数较少的任务是一个缺失。在前面的介绍中，主要由学员们进行了讲解，并对新出现的语法进行了介绍。这就需要学生在课堂上花更多的时间和耐心，积累足够的词汇，学习语法。在预习阶段，学生会碰到一些不熟悉的文法，无法理解其文法含义，理顺文章的主旨。在这个时候，老师要发挥画龙点睛、承上启下的作用，重点介绍迷惑的文法和句式，以"定制任务"的提示"消灭"迷惑。

（二）课中任务

在前文的基础上，在课堂上的会话中，同学们逐渐熟悉了知识的要点，并结合课后的习题与随意的情景练习来进行讲评。比如，在情景任务设置中，要求同学们为家庭成员制作一张相片并进行对话。这类对话训练可以考察学生对会话过程的掌握程度。对于熟悉和掌握知识的学习者，其情景对话任务的完成和语言的衔接都很好。而对于已经学过的知识不够熟悉、知识要点不清楚、场景练习表达不理想的同学，往往会出现停顿，不知道该怎么进行对话练习。

（三）发表任务

通过课前任务和课中任务，学生已经掌握了本课的表达和语句知识，笔者要求他们基于已学知识和语言能力表述《我的家庭》。使用《我的家庭》为题进行总结性发言可以充分反映前两个月学生学习日语的情况，甚至可以成为前两个月学习汇报的展示。此次课后任务充分反映出学生日语学习的情况和不足之处。

第五节　翻转课堂教学法

一、翻转课堂相关论述

（一）研究现状

翻转课堂，又称"反转课堂"，是美国最流行的一种新的课堂教学形式。美国科罗拉多州落基山森林公园中学的两名化学老师乔纳森·伯格曼和亚伦·萨姆斯于 2007 年推出了"反转课堂"。最初，两名化学老师将具体的教学方法、PPT 和教学内容发布到网上，以帮助那些旷课的同学尽快跟上。很快，美国明尼苏达州斯蒂尔沃特市石桥小学，高低村小学，克林顿戴尔高学校都开始采用这种方法。然而，翻转课堂之所以能得到全球的关注，并在世界范围内得到发展，完全是因为萨尔曼·汗于 2011 年创立了"可汗学院"。翻转课堂是美国的一种重要的教育方式，它是在美国本土形成的。美国的翻转式课堂教学模式包括：森林公园高中模式、河畔联合学区模式、可汗学院模式。森林公园的中学模型。在 K12 中学，森林公园中学首创了 K12 翻转课堂的经典教学方式，老师制作录像，让学生在家或放学后观看老师的讲解，学生在教室里与老师进行面对面的互动，并完成作业。美国河岸联校模式最大的特色就是使用数码互动教材——包括文字，图片，语音，三维动画，让学生与教材进行互动和交流。可汗学院的最大特点就是将课程按学生的理解和表现进行分类，而不是按时间来进行。他们相信，学习的恒定值应该是一个很高层次的知识和观念。可汗学院研制了一套教师认可、学生欢迎的教学录影带，能够迅速了解学生的问题，并能在老师的指导下及时解决问题。

（二）有关概念

1. 翻转课堂的定义

哈佛物理教授埃里克·马祖尔是第一个在这个领域进行研究的人。埃里克·马祖尔相信，他与同学们所创造的"同侪教育"可以让学生们的学习更加活跃。首先是知识的传授，然后是对知识的吸收。多媒体辅助教学能取代教师的角色，完成知识的传递，使教师从"传授知识"变成"传递知识"的"辅助者"，在"吸收""内化"的过程中，将更多的精力放在"引导"和"消化"的环节上。韦斯利·贝克在 2000 年四月提出了一种"翻转课堂模式"，这种模式允许老师在网络上进行考试，而不是在老师的指导下完成作业，如果有什么问题，学生会及时向老师汇报，老师会提供帮助，纠正错误。在课堂上，老师首先让学生们进行讨论，解决问题，然后是学生和学生的互动和讨论。同时，韦斯利·贝克提出了第一个关于翻转式教学的概念：在这种情况下，老师不再是教室里的主宰，而成为了学生们的指导者。韦斯利·贝克还在他的一篇文章中提出了"翻转课堂"的概念，这是老师利用网上教学平台或者网上教学管理系统，将原本在教室内讲授的内容以网上的形式公布出来，让学生在家完成，而在教室里，老师就是一个指导者，更多地参与到学生们的学习中。2011年，翻转课堂迅速发展，引起了人们的注意，进入了学习的世界。基于多年来实践翻转课堂教学的实践，乔纳森·伯格曼和亚伦·萨姆斯发表了《翻转课堂：时刻惠及更多的学生》。这本书一出版，立即得到美国教育督导学会及国际教育科技学会的大力支持与推荐。此后，越来越多的人开始尝试采用翻转式课堂教学。

2. 微课的定义

随着微博、微信、微电影等的出现，"微课"也悄然地进入了我们的学习和生活中。移动互联网和智能手机的普及，使人们可以随时随地地对"微内容"进行学习。微课的"微"体现在内容少和时间短上，而微课的"课"体现在一堂课或一门课，它是以教学为目的的课程。尽管微课概念的提出已经有几个年头了，但是学界对其定义并未达成共识。为了进一步完善和丰富微课的内涵和形式，广大教育工作者也付出了很大的努力，对于微课的认识也在不断深化。在国内，较早地提出微课这一概念并付诸实践的要数胡广生教授了。他把微课定义为三个阶段：第一阶段是微资源构成；第二阶段是微教学过程；第三阶段是微网络课程。为了交流教学经验，同时为了展示教师的风采，2013年第一届微课大赛在全国高校教师网培中心的组织下成功举办。这次大赛把微课定义为"以视频为主要载体记录教师围绕某个知识点或教学环节开展的简短、完整的教学活动"。参赛的每位教师可以任意选择一门课程，借助先进的科技手段和设备设计教学，同时录制最少10分钟，最多20分钟的微课视频。五分钟课程网则从教学的需求出发，从当前的社会热点、学习者亟须获得的知识中策划挑选出一些呈现在五分钟之内的视频里。为了使学习者能够看得懂、理解透，五分钟课程网将三维、动画、虚拟现实等技术融入视频中。视频是微课目前唯一的载体，视频的长度一般在5分钟到10分钟之间。国外的TED-Ed、Khan Academy、edX、Coursera、Udacity等MOOC网站上有大量的经过教学实践验证的视频资源。

当然，人们对微课有着不同的需求，应用的场景也不尽相同，给出的定义和形式也就存在着些许的差异。因此，笔者在综合各位学者的观点以及阅读了大量的资料之后，总结出微课所具有的几个特点：①以服务自主学习为基本的出发点，满足日益增长的移动学习的需求；②有针对性地讲解某个知识点，强调设计的合理性，突出教学的重点；③以视频形式为主，兼顾其他资源；④对于学习时间的把控要适度。

3. "翻转课堂"中的微课设计

微课是"翻转课堂"中的一个关键环节，它不仅决定了课堂上的知识是否能够在课堂上顺利地传达，而且还会对课堂教学的组织和教学效果产生一定的影响。在"翻转课堂"的生态中，微课并非一节课，而是一个整体，它始终是为教室服务的，它可以是一项或多项知识点、教学环节、教学活动，并通过互联网向学生呈现。主要以"微视频"、课件、案例、材料等辅助学习资源，由老师讲解或进行示范；并以微型"作业练习"为主要内容，并辅以在线答疑、在线测试、在线调查等自我学习活动的反馈。微课教学内容必须从教学目标、教学内容等方面进行分析和提炼，并根据教学实践制作相应的教学录像和网上教学资源。此外，教师还会根据教学内容，安排相应的教学反馈，如网上问答。通过这些环节的设置掌握学生的学习情况，发现他们在学习中存在的疑问，对具体问题做出有针对性的辅导。教师应该根据具体的课堂教学的内容对微课学习的时间和难度进行设定。通常情况下，微视频的时间要控制在15分钟以内，微课的学习时间则最好控制在半个小时左右。

（三）翻转课堂的理论依据、原则、特点、优点

1. 理论依据

（1）掌握学习理论。美国教育家、心理学家本杰明·布卢姆于1968年提出了"掌握学习"的概念，其目的是要解决个人的不同。本杰明·布卢姆主张，老师们应当根据学生的情况，给予他们不同的学习时间，从而使他们能够在相同的层次上保持一致。为使学生始终保持在相同的学习状态，应提供不同的辅导与协助。在某些领域中，如果有一些学生在某些领域遇到了困难，则要对他们进行更多的辅导，以保证他们都能完全掌握所学知识。只要有充足的时间、适当的指导和协助，学生就可以掌握所学的知识，并顺利地进行下一步的学习。本杰明·布卢姆不同意只有几个人能考出好的分数，因为他们相信，大多数人都能把作业做得很好，而成绩的高低取决于他们的学习时间和领悟的速度，而那些学习成绩较差的人，只要给他们足够的时间和引导，就能达到优秀学生的水平。在学习的过程中，除了常规的课堂以外，还可以进行其他的课程，例如课后。在此期间，若有同学不能理解、不能达到老师所期望的学习目的，老师将会给予他们更多的补充，直至他们能够达到老师所要求的学习目的。一种学习方式是：根据学生对所学知识的掌握程度进行灵活

的调节。对需要持续进行基础知识的学生进行矫正教育，并允许其它同学完成可扩展的任务。翻转课堂教学模式可以真正地实现"掌握学习"，在信息技术的支撑下，进行个性化的指导，让学习者有更多的时间去学习，让那些有不同的理解能力的学生在上课前就可以按照自己的节奏去学习，而那些觉得容易掌握的东西，则可以快速的进入，或者跳到其他地方去看，看不懂的可以停下来看，看一遍又一遍，还可以停下来写笔记，记录问题。它使得课堂教学更加具有针对性、人性化，能够通过师生互动的方式发现问题，解决问题。翻页课堂是一种有效的教学方法，它能够及时地发现学生在学习中出现的问题，并对其进行纠正，从而达到对知识的掌握。在课堂上，老师针对学生的不同状况，采用针对性的教学方法，提高了学习的积极性，自主性和学习的质量。

（2）人本主义理论，以人文主义为代表的是马斯洛和罗杰斯。马斯洛、罗杰斯等人都强调要实现人的尊严、体现人的价值、发挥人的创造性、实现人的自我，并指出发挥人的潜力的实质就是要实现自己，而潜力的本质是一种与人的天性相类似的东西。本节提出了从人性角度进行心理学研究的必要性。马斯洛和罗杰斯指出，老师的首要任务不仅仅是把知识传授给学生，还要对每个人都给予充分的尊重，并尽量给他们创造更多的学习资源和环境。营造一个让学生真正掌握自主学习的舞台。人文教育的基本理念是：师生之间应该建立平等、民主、互利、认同、尊重、理解的新的情感关系。人文精神是学生自主学习、知识建构、合作学习等方面的重要内容；注重以人为中心，即学生自身的发展；注重挖掘人的创造性潜力，注重情感教育。人文主义认为，学生是有个性的，每个人都会有自己的想法。从这一点来看，就算是老师，也有不同程度的差别，即便是同样的教材，同样的课件，同样的视频，所传递的知识内容也不一定相同。所以，教育不能离开学生，要从学生的个性出发，充分地尊重他们，了解他们的个性。根据学生的特点，采取不同的教学方法，因材施教。在教学中，教师要以学生为中心，以学生为本。在这种教学模式中，学生成为了学习的主体，学生要在课堂上通过老师的视频和学习计划来进行知识的构建，而老师则会根据学生的要求，进行相应的讨论和交流。这样才能达到有针对性的差异学习，注重学生自身发展，同时老师也充当助教。

2. 原则

（1）纳入培养计划，整合设计的原则。翻转课堂所引发的变化并不只是某一门学科、某一门课程的教学方式，更是一种全面的大学教育方式的变化。我们不主张对每门课进行"一刀切"的倒置，而掌握翻转式的课堂教学并不能通过改变教学过程和相关的教学活动来达到。在网络环境下，大学课堂教学改革需要从课程设置、内容、环境、资源、师资培训等多个层面进行。翻译室的本质特征是日语课程总体设计的必然性。日语教学要改变教学模式，提高教学质量，应从整体上进行设计，避免局部或零散的调整。

1）课程设置的问题．系统性决定了课程与课程之间、同一课程内部相互联系、相互补充。同一天不能开设过多门课，可以采取多种教学方式。

2）老师花在教学上的总时间。日语教师既要完成教学任务、科研任务，又要处理与教学有关的事务，做好准备、监督。当所有的作业时间超出老师的能力范围时，将会对学生的教学产生负面的影响。

3）总的学习时间）。学生们能在一天内专心做功课的时间是有限的。如果课后作业都是倒置作业的话，那么对学生而言，作业负荷过大，就会产生"夹生饭"，从而影响到学生的学业成绩。

所以，选择什么样的课程、什么样的内容、什么样的教学周期，都要进行合理的设计，根据专业教学计划和人才培养方案进行合理的安排，以实现教学方式的多样化。

（3）以偏重知识型课程和综合型课程为主的翻转原则。高校日语专业的所有日语课程都承担着知识教学和技能教学两方面任务，每一门课程、每一节课程内容都有新知识和难点、重点知识，也有熟练掌握技能的教学要求，只是根据课程内容和特点有所侧重。根据《高等院校日语专业高年级阶段教学大纲》（教育部日语组）的有关教学目标的要求，将其分为"知识型""技能型""综合型"三类。课程内容：日本历史（日本地理，日本节化，日本民俗），语言学课程（语音学，语义学，日语语法等），日本节学课程（日本节学史）；以技能为主的课程有：听力课程、会话课程、阅读课程（报刊选读、文学选读、日语泛读）、写作（日文写作、论文）、翻译课程（翻译理论、日文翻译实践、文学翻译、科技翻译、同声传译）；综合类的课程有：初级日语、日语（日语精读课）。本专业技能类课程的教学任务是提高学生已掌握的技能，提高学生的听、说、读、写、译等日语应用技能的能力，也就是以实践为主，而新知识的教学任务比较薄弱，采用翻转式的教学方式，可以考虑分阶段翻转（例如在写作课中的归纳请求、道、允许等）、分目标翻转（例如在听力课中制作一个主题、一个镜头等）。强调技能类课程的教学任务要在师生之间进行思想交流、观点交锋、情感交流和语言交流等方面进行。而面对面的教学则是传统的课堂教学的优点，它强调的是学生的自我学习和体验，老师的职责就是辅助，在思想的交换和意见的碰撞中，翻转的能力比传统的教学要差。所以，技术类课程的翻转推荐应严格掌握。将知识与综合的课程引入到翻转课堂中，学生在课堂上已完成了一次新知识的内化，在课堂中的二次内化可以帮助学生形成正确的观念，掌握知识，从而有效地提升学生的自主学习能力、兴趣和质量。从课型的选择来看，不管是以知识为主，还是以综合为主，课堂教学形式多种多样，如新课、巩固课、复习课、练习课、试卷讲评课等。每个课型的重点和难点都有很大的差异。由于巩固课、复习课、练习课、讲评课都是知识的第 N 个内化过程，只有新课才是知识的第一次和第二次内化，根据翻转课堂注重知识内化过程的优势特点，新授课更适合翻转。作者认为，要想取得较好的教学效果，就必须根据教学内容的实际和教学目标的实际情况，采取有效的调换频率，选择适当的课程科目，灵活运用教学策略，取得较好的教学效果。

（3）以教材为中心的翻转原则。在进行翻转式课堂教学时，应充分考虑到每一课、每一知识点中的哪些内容是可以翻转、如何翻转的。在选择翻页的时候，可以根据教科书的特点，根据课本的难点和要点，选取翻转的知识点。由于教科书的编写是按照学科知识体系和教学法的原则，由浅到深，兼顾科学性、思想性、艺术性、系统性、可操作性、稳定性和连贯性，而不考虑课文的题材和体裁，只从语言知识本身的关系上，就建立起了一个合理的结构。在可翻转的教学中，采用翻转式的课堂教学可以提高学生的学习效率；不适宜翻页的内容，要适时地进行教学策略的调整，而不是硬翻。教师在分析和选择翻转知识点时，应考虑教学目标、学生已有的基础、知识点的学科属性、知识点之间的联系、教师与学生的状况。学情分析能使老师更好地理解学生所掌握的知识和未掌握的知识，并能有效地引导他们在课堂上进行问题的解答。在"怎样翻转"的问题上，日语的初级阶段主要采用的是句型，具有较好的可操作性，而在高级阶段，日语的结构和知识点相对较少，而且相对宽松，这就给了翻转课堂的实施带来了更大的困难。此外，文科类课程导入主题往往需要一定的铺垫，因此制作网络课程微视频时要坚持"抓住重点，精选主题，理清思维，锤炼语言，讲深讲透"这一原则。总而言之，翻转时要注意课前学习的内容可以突出难点、重点，课堂教学内容侧重知识体系结构的构建和实践能力的培养。

（4）合理设计制作网络资源包的翻转原则。翻转课堂的网络资源包是学生学习新知识时的第一次知识内化依据，资源包内可以结合教学内容，选择放置教学知识点微视频、PPT、学习指南、导读、网络连接、机械性练习、学习测验等模块。翻转课堂教学的一个重要因素就是微视频。微视频内容要集中指向教学重点、难点，而不是像一般的教学资源那样面面俱到。所以，录播的教学目标、过程、知识点性质、学生特点、练习作业等都要考虑到。基于此，作者认为，展示教学思想与特点的微型短片可以由老师自行设计，而成系列、适合一门或一学期的微型短片则可以通过集体购买或区域分享的形式来完成。网络资源中的微视频内容要区别不同的知识类型，特别是某些非良构的、学生不能自发地构建的知识,要灵活掌握。在学生适应新课程的初始阶段,可以减少学习难度,选择合适的知识,使其适应,然后选择不合适的知识。老师们也要留意,太过简单的知识运用微视频没有太大的作用;太难的小视频也没有足够的效果。在运用微型录影带进行翻转课堂时,知识难度的分析是不可忽略的。有了微型录影带,并不表示可以减少其它课堂教学活动。相反,在学习了微视频之后,学生们的互动讨论就会变得更加深入,更加有效。包括教师讲解在内的其他教学活动既要和微视频相互补充,又要比微视频有更集中的认知聚焦。另外,不是每个资源包内都要放置所有的模块,如果适合用微视频的内容就不用PPT,如果用PPT加音频就可以解决的,就不用花大成本录制微视频;学习指南、导读、网络连接的部分可以通过教师布置作业实现,是为方便学生学习而放置到网络资源包的;机械性练习和学习测验对网络服务器的开发提出了更高的技术要求。

(5) 结合教学目标采取灵活多样课堂教学策略的翻转原则。第二次知识内化是翻转课堂的一个重要环节,也就是课堂教学。翻转课堂教学以学习互动为主要模式,这个互动可以是生生之间,也可以是师生之间。课堂教学的互动模式有很多,需要教师结合教学内容、教学对象、教育环境、教育条件,灵活调整教学策略。无论是加湿(Gagne)的九种基本教学策略、格罗珀(Gropper)的四种基本教学策略,还是盖奇(Gage)的七种教学基本策略、库宁(Kunin)的教学管理策略,都不能对日语教学,特别是日语翻转课堂教学模式提出具体指引,不能回答像"如何刺激回忆前提性知识,使学习者把它们同新知识结合起来?""如何练习完整规范的语言行为?""如何关注学生的课堂表现?""如何把教学活动引向适当的目标?""课堂讨论的节奏如何把控?"这样的问题。教师必须具有高水平的专业知识、高超的教学技能、高度的责任心,才能有效地整合各种教学策略,完成教学任务。

(6) 高校要提供必要的支持体系的原则。高校提供必要的支持是翻转课堂教学模式顺利实施的重要保证,它包括两大类:师资培养与信息化课堂教学环境。

1) 教师培训。不同学科的教师,因其所学知识背景、所学领域的差异,对其所具有的理解也不尽相同。在不同的课程中,能否将知识点运用到教学中去,这不仅需要教师的教学经验,也需要教师对教材的理解。翻转课堂的师资培养有别于普通教师的培养,而翻页课堂的师资训练更偏向于培养教师对教学方式的敏感性。而翻转课堂、一般信息技术环境中的课堂教学与传统课堂教学哪个更好,则取决于教师的精确预设。

2) 支持大学的环境。开展翻转式课堂,必须依托学校的信息化支撑环境。在此,大学的信息支持环境既有软件的支持,也有硬件的支持。系统主要由视频发布、交互、智能诊断、远程支持和服务、统计、管理等六大部分组成。硬件系统包含：教师和学生必须具备能够联网的 PC 或终端，网络带宽能够稳定地运行，服务器必须具备足够的容量和并行性。这三个方面。

3. 特点

在传统的课堂教学中，老师讲课，学生听课，在课堂上，学生可以通过老师的授课学习知识，课后则通过老师的作业来巩固和消化。而翻转教室正好反转过来这样的。

（1）教学过程发生变化。与传统的课堂教学相比，翻转课堂完全改变了教学过程的次序。在传统的课堂教学中，老师讲授知识，学生吸收，而在课后，学生则利用老师的作业来巩固复习的知识。而翻转课堂，则是让学生们在老师的教学视频中，自主的学习，在学习的时候，他们会自己吸收，如果有什么不明白的地方，可以停下来，或者和其他同学一起讨论，让学生们在课堂上吸收、讨论、解决问题。

（2）教师和学生之间的关系发生了变化。在传统的教室里，老师的角色是单向的，是教室的绝对领导者，是知识的绝对传播者。而学生的角色，就是在课堂上听课，被动的学习，遵守课堂的纪律，课堂上的服从。而在翻转式课堂中，教师从最初的"灌输者""主导者"，变成了"指导者"和"参与者"，加入到"学的讨论中，让学生从"被动"的"接受者"变成"积极的参与"，"学习"的学习积极性大大提高。

（3）改变上课时间。在传统的教学方式下，教师在课堂上的时间基本上由教师主导，老师讲，学生听。而在翻转式课堂中，学生占据了大多数的时间，老师的角色只是很少的一部分，老师的角色只是帮助学生和引导学生，在课堂上的授课时间大大减少，这也是翻转式课堂的一个显著特点。在课堂教学中，大部分的学习时间变成了课下的"预习"，学生可以利用网络资源来吸收"内化"的知识。在教学过程中，教师和学生在教学和学习中的互动时间得到了显著的提高。然而，翻页教学的核心问题是教师如何有效地安排学生的课堂学习活动，以达到最大限度地发挥学生的学习效率。

（4）变更了教学资源。在传统的授课方式下，老师讲授的内容只是一次，学生可能会漏听、误听。而翻转课堂则是将传统的教科书、板书、幻灯片等变成了教学录像。学生们可以在课堂上一遍又一遍地看着，不明白的地方可以停下来，也可以倒退，就像是在听老师的解释一样，不用担心会出现偷听的情况。学生可以随时暂停，多次重复播放，随时做笔记和记录。教学录像的出现，使学生摆脱了传统的被动式学习模式，改变了以往的循序渐进式学习模式，使学生在自主学习的过程中，主动地把握自己的学习节奏。

4. 优点

（1）帮助学生掌握自己的学习进程。在这种模式下，学生可以根据自己的情况和学习时间来设置和控制学习的节奏，不用为了学习跟上那些有较高的学习速度和领悟力的人，而是可以在教室里或者家里观看老师的教学视频，达到分层学习的目的。学生可以快速浏览，如果有不明白的地方，可以停下来或者再看一遍，或者做笔记，用网络聊天工具与同学们进行即时的沟通、讨论，或者借助网络考试等平台，及时向老师反馈问题。

（2）对提高学生的综合素质起到积极作用。当前，我国实施素质教育的目标是：全面提升学生的综合素质，尊重学生的个性，注重创新能力和自学能力的培养。翻转教室是以培养全面的学习能力和全面发展为目的的，而翻转式教学则是让学生不需要老师的解释就能自己领悟，从而提高自己的理解力。同时，教师也需要同学们在学习过程中发现问题，并与同学们一起合作，以提高他们的协作精神。同时，教师还应注重学生对问题的发现和提问，以提高学生的求知欲和探究能力。翻转课堂能使教学内容更加丰富、知识广博、开阔眼界、全面提高学生的综合素质。

（3）对"教"和"学"的相互促进作用。翻转式教学的关键在于使学生由被动式的学习向积极的学习转变。学生们不只是看视频，提前预习。翻转课堂是一种完全颠覆了传统的教学方法，真正实现了由"教"向"学"的转换。"教"是指老师主动传授知识、学生被动接受知识的传统教学方法，使学生在"教"中始终处于相对被动的位置。而"学"的转换，就是让学生从消极的状态向积极的状态转化，一切以学生为中心。在"学"模式下，学生在课堂上看录像时要考虑，而与同学之间的沟通和讨论则要考虑。在重课之前，学生们可以有很多的自由时间去思考和探索问题。"学"能把学生的记忆、理解、思考、应用等多种活动有机地结合起来，培养学生的全面发展。

（4）为发展信息社会做出贡献。在《新媒体联盟地平线报告（2014基础教育版）》中，有六种新技术将会对我国的基础教育产生巨大的冲击。其中，电脑、智能手机、平板电脑、电子读书机等装置被越来越多的学校采纳，让学生亲身体会掌握自己的学习过程。这种新时期出现的翻转式课堂教学模式，对"教"和"学"的转换过程进行了彻底的颠覆。在这样的背景下，学生的学习方法发生了变化，全面发展了他们的综合素质，使他们变成了具有创造性的技术人才。它已经超越了辅助手段的范畴，成为教育发展的重要手段和元素。

二、翻转课堂的实践教学

（一）教师活动

1. 课前准备

（1）教师要分析并确定这一单元的教学目标和学习任务。目标是指老师制定的关于学生应该学什么、完成之后能够做什么以及能够达到什么标准的规划。在课程结束时，老师要对学生进行评价，让他们知道他们所掌握的目标是什么。首先，要进行有目标的教学设计。部分内容比较容易理解，可以通过课本、课件进行自学，而另一些则需要老师的指导。明确教学目的，防止盲目。

（2）教学录像的制作。在老师小组的研讨下，制定了一个教学目标，并由老师代表制作了教学录像。在制作录像时，要充分考虑到学生的实际情况，有些同学表现出较强的自主性，而另一些则表现出较好的理解力。老师要为学生制作适合自己的影片。在制作的过程中，要多下功夫，让影片尽可能地丰富、有趣，能引起孩子的注意。

首先，小组成员进行教学目标的协商、学习目标的协商，制作学案，再由老师代表进行教学录像。作者将教学内容、教学目标、学习目标等通过 liveview 录像软件和录像编辑软件录制成 10~15 分钟的短片，并将该单元的教学目标和学习目标等内容进行记录，作为教学目标和学习目标的内容，重点文法讲解清楚，但数量不超过 3 个文法点，每次 15 分钟。其次，把单词、课文发音和教学录像通过微信群、QQ 等即时通讯软件发送给同学。最后，老师为学生指明了哪些任务要完成和要达到的目标。老师将同学们分为不同的小组，让他们互相交流，并就他们在自主学习中碰到的问题提出自己的看法。首先是小组学习，然后解决问题，最后将不能解决的问题作为小组讨论。在课堂上，首先是小组成员们相互解决问题，然后找老师解答。

2. 课中教学活动设计

在学习、理解、看待问题的角度等方面，学生在看录像时，难免会出现一些不均衡的现象。在课堂上，老师要根据学生所看到的录像来回答问题，课中将会有一个单元测验，例如词汇和个别文法造句，以测试学生的自主性。学生在小组中进行知识的学习和交流。此时，老师不再站在讲台上观看学生们的讨论，而应该走下讲台，走到学生的讨论中去，和学生进行交流。老师能在学生有困难的时候提供帮助。最后，学生们通过对问题的认识，提出问题，并与老师及同学一起讨论解决问题。

3. 课后反思、评价

评估的一项重要原则是，评估要与目的密切相关。学生从老师那里学到了一些东西，而老师所教的知识与考试内容的重合程度愈高，则测试成绩愈高，老师也愈有能力决定是否要进行其他的教学。①课后，老师根据课堂上的提问和讨论的结果，编写单元测验，让学生在课后完成本单元的考试，以便于老师和同学理解整个学习的成效。

（二）学生活动

1. 课前准备

首先，学生要下载老师所发布的教学录像、课件，并在此基础上进行教学录像，以便在课堂上进行预习。学生在学习过程中可以按照自己的情况进行有节律的学习。悟性好的同学可以看一次，而悟性差的同学则可以在任何时候暂停或重播。在看的过程中，有什么不明白的，可以停下来记笔记，记录下自己不明白的地方。与同学们进行交流，并解决他们在观看时所碰到的问题。

2. 课中学习

爱德加·戴尔的试验表明，团队学习和合作学习的学习效果要比单独学习高出一半。在课堂上，同学们在自主探究学习阶段已经形成了自己的知识系统，通过与同学们的合作交流，相互表达自己的认识，并以小组为单位向老师提出问题，小组之间相互讨论、学习，并适时地询问老师，获得答案，然后与其他组的老师讨论问题。

3. 课后反思、评价

对学生进行评估的一个重要作用就是向老师提供对教学效果的反馈。课堂提问，学生的学习状况的观察，可以为老师提供学生的学习状况。在很多学科中，为了解学生的学习成绩，可以进行短期的、定期的小测试和书面测试，收集学生的学习成果。评估还能作为指导整个教学改革的参考。下课后，完成老师发给的课程内容测验，检查学生的学习情况，了解自己的知识掌握情况，发现问题并向老师反馈，以帮助老师发现问题。

第五章 跨文化日语教学基础理论研究

第一节 跨文化学习的心理本质

作为文化载体的语言与文化有着密切的关系。人们对文化的多样性，自我文化和社会化认识的差异，文化与情感知觉、情感表现、情感评价的关系的研究，已经极大地丰富了文化研究的内涵，也为语言学习与文化学习的关系研究提供了必要条件。关于跨文化交际摩擦、交际背景要素对跨文化交际影响的研究，在国际交流日益频繁的今天也越来越受到关注。无论是政治、经济还是文化艺术的交流，单纯的语言知识学习已经不能满足交际需要，这一认识已经获得广泛认同。跨文化交际问题已经成为外语学习与教学研究的新领域和主流倾向。

一、跨文化接触的心理过程

对中国的学习者来说，没有生活在异文化国度的日本，对异文化的接触主要是通过读书、看影视剧等方式实现。随着语言学习的深入，跨文化理解和认识的需求会更大。如何了解、理解异文化，对日语学习有重要意义，为此，需要研究跨文化学习的一般心理过程。

（一）接触前的心理

通常对异文化的接触是在不知不觉中开始的。即便在日语学习开始之前，在固有知识结构中也会有异文化要素的储存，如富士山、和服、机器猫之类象征性的文化概念。但是，需要明确的是，学习语言之前对日本节化的接触是从旁观者的角度无意识地接近。

开始语言学习之后，通常对日语语言所依存的文化有一种了解的兴趣和需求，因为学习生活已经与日本发生联系，从感情上有一种深入了解的渴望，只是受学习动机的影响，这种渴望的表现程度不同。因此，这一阶段的心理为渴望了解异文化和对异文化的亲近感。

（二）开始接触的心理

刚接触日本节化，对一切都充满好奇，特别是当感受到与以往的经验不同的体验，如日本的风土人情、生活方式、流行音乐等，都给自己留下深刻印象。由好奇心到神往，就是这一阶段的心理。

（三）跨文化挫折

当对日本节化有了一定的了解后，会开始产生一些疑问，如为什么对这样的事日本人会这样想、这样做，按照自我固有的本民族文化视点来看，这种差异是可笑的或者是不可接受的。这是由于不同民族的人们在行为方式、思想观点上的差异。

要了解异文化，这个阶段已经不仅是作为旁观者对这样的事情感到有趣，哈哈一笑就过去，学习者想要知道为什么会这样。可是，当固有的观念不能接受这样的行为时，就形成了文化冲突，在理解异文化时遇到了挫折。

（四）习惯适应

通过进一步学习，对特定历史时期的日本社会有了了解，对于一些一般性的日本人的心理有所了解，对日本社会、文化、生活方式也形成了某种程度的认识，并且不再新奇、兴奋，通常在一些问题上能够预测某种时候大多数日本人的行为方式或对某一类事物的反应，对异文化的态度开始进入第二个冷淡时期。

（五）对本民族文化的质疑

当适应并且了解了异文化之后，通过自我判断分析，不自觉地会将本族文化与异文化进行对比，通常这种对比可以采取三种态度。

第一，全盘吸收异文化，排斥本民族文化。

第二，吸收异文化，不排斥本民族文化。

第三，排除异文化，保持本民族文化。

大多数学习者可能会采取第二种态度，即比较折中的态度。但是，不排斥本民族文化不等于对于本民族文化的弱点看不到，吸取文化精华是学习的本质。例如，看到随地吐痰的国人，我们不会也一味地弘扬。所以，吸收异文化的同时，不可避免地将两个民族文化进行对比，对本民族文化中的问题看得更清楚，从而产生怀疑。但这种质疑如果达到一定程度，就会形成第一种态度。

如果采取第三种态度，则很难达成跨文化理解。对学习者来说，应该通过这种质疑发现两个民族文化的各自优缺点，从而规范自我交际行为，而不是仅仅以批判某一种文化为目的。

（六）统合阶段

这一阶段是经历过接触前的兴奋、接触时的困惑、接触过程中的冷漠和不自觉对比，最后，在内心世界对于日本节化采取了能够让自己接受的某种态度和观点，得出关于本民族文化和异文化的结论，在对待异文化的态度上也形成一种判断

通过上述分析可以得知，在跨文化的接触过程中，人的心理过程也是经历几个起伏后达成稳定认识的。

二、跨文化理解的心理过程

根据研究表明，人在不同的心理发展阶段对于跨文化的理解程度也不同。通常在心理发展时期（四岁至十四五岁）形成动机情感体系，是属于文化意义的感受期，比较容易接受异文化的影响。过了这个时期，人在情意机能方面会出现交际困难，这是在人的心理机能和心理发展方面，伴随跨文化交际而产生的问题。由此可以看出，成人的外语学习中关于文化知识的学习，最关键的还是在于对跨文化的理解。

跨文化理解的心理过程包括对具有异文化特征的言语或非言语行为的接触、表层理解和意义理解三个阶段

（1）接触言语或非言语行为是跨文化理解的基础，属于感性认识阶段，这一阶段还不了解言语与非言语行为的意义或内涵。

（2）表层理解是将言语或非言语行为的意义与本族语言或价值观相结合，实际上是一种肤浅的文化翻译，对其的认识和理解还是局部的、不完整的。

（3）意义理解阶段是深刻认识通过言语或非言语行为所表现的文化内涵。这种深刻程度可以与异民族的价值观、道德观、态度、信念和社会行为规范相结合。这种理解的心理过程也包括两个层次：一是全盘接受型理解；二是辩证接受型理解。前者属于机械性理解，机械性意义理解虽然也是高层次的理解，但是属于被动接受条件下的理解。后者为真正的意义性理解，这种理解是与比较本民族文化相结合，与个人的价值观等相结合，是客观的、批判的理解，是跨文化理解的高级境界。

在语言学习过程中，跨文化的理解接触阶段和表层理解阶段往往难以区分，许多学习者对跨文化的学习也仅停留在这一阶段。在跨文化学习中我们期待意义理解，但是要避免简单地全盘接受，要能动地理解异文化的本质。

三、跨文化交际的心理过程

交际的形态分为言语交际和非言语交际两种。语言交际形态主要伴随着言语来实现，被划分为音素、形态素、语汇、统语论和语法、音韵论、意义论和语用论等独特的构成要素来研究，这些要素也构成语言的本质。

（一）语言交际过程中的文化心理

语言是世界的象征，通过语言人们能够交换意见、看法和感情。非语言交际形态是指面部表情、凝视、声调等语言信号和与他人的空间、姿势、姿态、沉默等非言语行为。在言语符号和非言语行为的交际过程中，文化自始至终都发挥着重要的作用。

语言交际过程中的文化心理对交际所使用的语言产生影响。文化是与构成人类的心理基本结构要素的知（表象机能、构成机能）、情（唤起机能）、意（指示机能）紧密相关。因此，为了让人们相互间无障碍地进行交流，这些机能必须具有共同的基盘。

针对文化——语义体系在我们的日常生活中发挥的作用，丹得雷德归纳出以下四点。

（1）表象机能：为认识事物或处理事物妥当性等提供行动准则。
（2）构成机能：创造出如纸币等有文化内涵的具体事物。
（3）指示机能：引发成员发出某种行动的动机。
（4）唤起机能：唤起对事项或行动的一定感情。

但是，在文化背景不同的人之间的交流，因为各自都拥有不同语义体系——心理的机能，因此也就会频繁出现问题。

（二）跨文化交际中的心理过程

我们在中国学习日语时可能体会不到，但是如果在日本学习日语或生活的话，从表象机能到构成机能会努力适应日本社会，但是指示机能和唤起机能可能就会保持在中国时的老样子，由此产生与日本社会不相融合的问题，引起周围人的反感，出现人际纠纷。

例如，按照中国的交际规范，人们认为频频劝酒是热情好客，北方人甚至认为不喝干对方劝的酒会被认为是看不起对方；而日本人认为，把自己的意识强加于人是不礼貌的表现，令人讨厌。因此，知的机能比较容易变换，而与情、意相关的心理机能则比较难以改变。

有研究表明，持有不同文化的社会成员之间要想相互间圆满交际，需要具备两个条件。

（1）要对与自己归属于不同文化的他人有共同的因果归属，即推断特定的行动原因。

（2）要具备改变自己的行为以适应所处场合情形的能力。跨文化的交际也存在一定的心理过程。

贝内特关于跨文化感受性的研究，将跨文化交际心理分为否定、防卫、最小化、容忍、适应、统合六个阶段

（1）否定：是以本民族主义为中心的初级阶段。这一阶段学习者对异文化集团从物理到心理具有距离，或者说人为地设置一种物理的、心理的距离。

（2）防卫：是本民族主义的第二个阶段。这一阶段认可异文化的存在，但是因为担心这种异文化的存在会伤害或威胁自我，因而对跨文化交际采取防卫的态度。这一阶段的交际心理体现为贬低跨文化，对异文化采取轻视态度。多数人这时对本民族文化采取优化评价的态度，但也有人具有贬低本民族文化，高度评价其他民族文化的倾向。

（3）最小化：是本民族主义的第三个阶段。这一阶段学习者认可文化差异的存在，但是对跨文化交际对自我学习生活的重要性采取最小化态度。因此，对于已经出现的文化摩擦等跨文化交际问题，也报以"这是普遍情况"的态度，而不是通过认识这种差异来努力探究解决问题的方法。

（4）容忍：是民族相对主义发展的第一阶段。不仅承认异文化的差异，还尊重这种差异。这种尊重分为两个阶段：一是文化性差异的多样性行为征兆；二是具有异文化民族的文化价值观。

（5）适应：是民族相对主义发展的第二阶段。顺应每一个人所认同的文化差异，与异文化者交际，为达到交流思想而开始学习新的技能。这种技能之一就是共鸣感，即不仅认识和理解异文化，自己也产生同样的感觉感情。第二种技能是与多元主义概念相关，通过理解他人的价值观、想法、态度而导入多种哲学理念，并且为了包容多元性和相异性，在自我内心深处创造出多种文化表象，这种多元性和二文化并存与多文化主义密切相关。

（6）统合：是民族相对主义的最终阶段。与作为哲学意义上理解的多元统合、一般化背景下的文化差异评价能力相关，不是从单一文化观点出发，而是从非单一的、以状况背景为基准的观点来评价文化差异，这种水平的统合可能会与"发展的边缘化"相结合。"发展的边缘化"是指每一个人顺应社会背景，在异文化的多个界限内自由出入，恰当生存。

这个跨文化交际的心理模型不仅划分了本民族主义和民族相对主义的发展阶段，还识别了在不同交际心理阶段特定的技能、认识、情感的发展顺序。

模型指示了跨文化能力和跨文化感受性的成长方向，清楚地证实了模型中存在必须沿着内在发展的连续体移动的技能及其归属性。由贝内特关于跨文化交际感受性发展而来的这个心理模型，也成为本领域重要的研究成果。

第二节　跨文化交际中的共有文化和共有经验

语言的交流是一种交际，交际是以共有知识、共有文化和共有经验为基础的，与其它交流方式一样，跨文化交流也是基于共同知识、共同文化和共同体验。在交际中如果没有共有知识、共有文化和共有经验，没有亲身经历、知识和文化方面的积累，交际是难以进行的，更别提跨文化交际了。

一、共有文化与跨文化交际

共有文化也是跨文化交际中值得认真研究的一个重大课题。共有文化是交际参与者之间共同拥有的文化与文化知识。

（一）从共时层面的角度来研究共有文化对翻译的作用

一方面，跨文化交际中的译者必须与作者共同拥有一定的文化与文化知识；另一方面，译者必须与读者共同拥有一定的文化与文化知识。

以日译汉为例，如果译者和作者都是使用日语的，他们就拥有共同的语言文化；如果作者是使用日语的，译者是使用汉语的，译者也必须具备有关作者的日语语言文化方面的知识，否则就无法理解作品的字面意义，更无法理解作者的交际意图。同理，译者与读者之间也必须共同拥有必要的日本节化与文化知识，否则译文文本就无法为读者所理解。

如果作者是使用汉语的，译者是使用日语的，译者必须具备必要的汉语语言文化方面的知识；如果译者是使用汉语的，他就与读者共有一定的汉语语言文化与汉语语言文化知识。但这还不够。因为翻译交际的表层是译文作者与译文读者的交际，他们之间还必须具备一定的共有文化与共有文化知识，否则交际仍无法进行。如何使他们之间具备一定的共有文化与共有文化知识则是译者的任务。

应该看到，世界各地的不同肤色、不同种族的人们之间虽然有许多差别，但也有许多共同之处。例如，全世界的人都是白天工作夜晚休息，全世界除少数原始部落都实行男婚女嫁制度，全世界的人们都生活在一定的国家里，这些国家的政治制度虽不尽相同，组织形式则大同小异。

在生产与生活中，大家都有许多共同之处，这些共同之处是人们的共有文化的一个组成部分，翻译交际在很大程度上正是依靠这些共有文化取得成功的。但是，这些固有的共有文化只是翻译所涉及的文化的一个部分，令译者头痛的是各民族和各语言文化社团之间的语言文化差异。

译者本身如不与作者共有一定的文化或文化知识就无法翻译，译者如不解决好译文作者与译文读者之间的共有文化差异，他的翻译就不会为读者所接受，就不是成功的翻译。因此，翻译对译者本身来说，他必须与作者或读者共同拥有某种语言文化或语言文化知识，对表层交际来说，译者必须解决译文作者与译文读者之间的文化差异，从而使翻译交际得以畅通。

（二）从跨时空的角度来研究文化对翻译的作用

除从共时层面的角度来研究文化对翻译的作用外，还可以从跨时空的角度来研究文化对翻译的作用。从空间的角度来看，文化的各个层次都是按照空间的层次来划分的，它将文化划分为语言文化、国度文化、民族文化、方言文化、区域文化、社团文化与个体文化。

语言有跨国度现象，一国之内可能有各种不同的民族，同一民族中可能有各种不同的方言，同一方言区内可能有更小的方言区域等。社团文化与个体文化都是社会概念，而社会本身也是个空间概念，因此，语言文化层次本身就是空间层次。从时间的角度来看，文化的发生与发展具有历时性。

现代的中国人不一定都了解古代的中国文化，现代的日本人也不一定都了解古代的日本节化。如果让现代中国人将先秦、两汉时期的作品翻译成各国语言，让现代日本人将古代日本时期的日语作品翻译成汉语或别的语言，都会遇到语言文化上的困难。

如果让现代日本人将先秦、两汉时期的汉语作品翻译成日语，让现代中国人将用古日语写作的日语作品翻译成汉语，也会遇到更多的困难。就读者而言，无论翻译哪个朝代的作品，都是翻译给现代读者阅读或欣赏的，就必须填平古代作者与现代读者之间的语言文化方面的鸿沟。换言之，大家必须为现代的读者补充必要的语言文化知识，使翻译交际得以畅通。

二、共有经验与跨文化交际

要使跨文化交际得以畅通，交际双方必须拥有一定的共有经验。要弄清楚什么是共有经验，得先弄清楚什么是经验。《现代汉语词典》将经验定义为：由实践得来的知识或技能；经历，体验。在定义的基础上，可以将共有经验定义为交际中交际参与者所共同拥有的经验。

在语言学中，索绪尔（Saussure）将语言分为语言与言语，乔姆斯基（Chomsky）则将语言分为能力与使用能力，海姆斯（Hymes）在他们的基础上划分出交际能力与交际实用能力，这些都是语言学界人人皆知的。从个人经历来看，翻译交际中的参与者之间如具有相同或类似的经历，跨文化翻译交际就会非常流畅，否则交际就会受到梗阻。

例如，有一次笔者参与接见日本友人，跨文化交际谈到日本某地在线路地图上的位置时说"山手线"，由于笔者到过日本，使用过日本的地图，换言之，有这方面的经验，知道这位日本友人是利用地图上的网格参照系来说明该地在地图上的位置。同时也知道，当时我国的线路地图还没有使用网格参照系，换言之，笔者同样具有使用国内路线地图的经验，因而翻译时就感到比较容易处理。虽说笔者的翻译经历不长，但在国外生活的时间比较长，感触颇深的是，到没到过国外是很不一样的。在去国外留学之前，虽然也翻译了许多东西，也不能说那些翻译都是错的，但总感觉心中没底。到国外去一趟之后，碰到经历过的、熟悉的东西总感到要得心应手得多。

当你翻译的东西与你的经历有共鸣的时候，读起来会格外亲切，译起来也会格外得心应手。也就是说，翻译交际的参与者之间两人具有共同经历，不是三者都具有共同经历。

翻译中最佳的情况当然是所有的交际参与者都具有共同经历，但是这种情况是不多见的，两两具有共同经历的情况则是常见的。同时，必须指出，在翻译交际中，关键是译者必须一方面与作者、另一方面与读者具有共同经历，否则，即使是作者与读者具有共同经历，也是枉然。因此，翻译需要知识与文化的积累也是不言而喻的。

三、共有文化与共有经验在跨文化交际中的意义

我们将文化视为语言文化，将经验定义为个人经历和个人知识与文化的积累。

一般来说，在跨文化翻译交际中，参与交际的各方必须共同拥有交际所必需的知识、文化和经验，否则交际就无法进行。拥有共同的知识、文化和经验，交际参与者就可以在此基础上，精练地进行交际，否则言辞就会十分累赘。有了这些基础，交际参与者就会心有灵犀一点通，否则交际就会受阻。

（一）直接经历的经验在跨文化交际中的意义

在翻译交际中，所有的交际参与者都拥有共同的知识、文化和经验，固然是最理想的，然而，这样的情况并不多见。由于翻译是跨语言、跨文化、跨时空的交际，翻译交际

的所有参与者不会也不可能都拥有共同的知识、文化和经验，否则就无须翻译了。但翻译交际中的中心人物——译者则必须与作者，同时与读者拥有交际所必需的共有知识、共有文化和共有经验，否则，交际就无法进行。

这意味着，在翻译交际中，一方面，译者要量力而行，在自己可以选择翻译材料的时候应注意不要选择那些超出自己的知识、文化和经验的材料；另一方面，也应该看到，翻译中遇到这样或那样的难点是常有的事，翻译的困难一般不在于理解之后找不到合适的词语去表达，只可意会不可言传的事虽然也很常见，但如果理解了，还是可以找到适当的词语去表达的，可以绕道去表达，也可以采用增加注释或其他办法将意义说清楚，问题在于是否真正地理解了。

如果有的地方没有听懂或没有看懂，就要勤查、勤问，查阅有关资料与工具书，问那些具有这方面知识、文化和经验的人，甚至要不耻下问，切不要自以为是。所以本书认为，共有知识、共有文化和共有经验，不但是为了更好地描写翻译的本质与过程，更重要的是使描写交际翻译学的理论框架具有更强的解释力。

例如，严复为什么使用他那独有的策略来翻译《天演论》呢？其他译者为什么采用他们那种独特的方式来翻译呢？个中当然有个人的倾向，但共有知识、共有文化和共有经验是译者决定翻译策略的基础。翻译一部作品，对作者一无所知，对作品一无所知，就没有资格去翻译；翻译一部作品，对读者一无所知，也没有资格去翻译。

索绪尔（Saussure）在讲解对语言进行共时研究与历时研究时，将语言比喻成一棵大树。如果将大树截成两段，研究其横断面，就是共时研究；如果将大树劈成两半来研究其纵剖面，就是历时研究。在讲解词的值的时候，他将词的语义场比作一盘棋，每枚棋子的值，要以它与其他棋子的关系而定。

（二）间接知识与文化的积累在跨文化交际中的意义

经验对阅读也很重要，作为经验的知识与文化方面的积累，与经历有着不解之缘。之所以这样说，是因为经历的积累实际上也是知识与文化的积累的一个组成部分。

知识与文化的积累，既有直接的，也有间接的。由于上面讨论了经历，又由于经历都是直接的，下面的讨论将以间接的知识与文化的积累为主。

翻译本身必须具有一定的经验。

一个日语专业的大学生毕业分到了一所工科院校教日语，没过多久，就有许多人来找他翻译各种专业的论文摘要，有的甚至让他翻译准备出席国际会议的论文。这些人又分三种情况，有的只拿来了汉语的论文摘要或论文，有的提供了部分专业术语，有的拿来了他们自己翻译的论文摘要或论文初稿。他们都想当然地认为日语专业毕业的学生，翻译这种浅显文字不会有问题，尤其是后两种人，他们认为，日语专业毕业的人顶多是不了解其他专业的专业术语，于是提供了专业术语甚至提供了初译，应该没有问题。

换言之，他们认为，提供了专业术语或初译，剩下的就只有语言问题了。其实，他们的想法是完全错误的。

各种专业的论文摘要或论文的上下文语境，不是纯粹的语言问题，还有个专业知识问题。没有必要的专业知识，就理不清上下文之间的逻辑关系，理不清上下文之间的逻辑关系，就无法翻译成恰当的外语。

现代汉语共同语不像印欧语那样语法意义、语法关系主要依靠形态变化来表示，而是以语序和虚词作为表达语法关系、语法意义的主要语法手段，这点要特别注意。

第三节　跨文化背景下的日语教学模式构建

不同地区、不同民族的人在不同的生活习惯、思维方式、价值观念、心理活动等方面都会出现不同的交流障碍，如果处理不当，就会造成误会，使交流无法顺利进行。所以，在外语教学中，培养具有跨文化交际能力的外语专业人才是非常重要的。这就要求我们在跨文化交流的指导下，建立一种跨文化的外语教学模式，既要把本国的文化知识与自己的语言知识相结合，又要把自己的语言知识和民族的文化联系起来。

本节主要从日语教学的角度，阐述了日语跨文化教学的目标，日语的跨文化教学理念，中日文化交流中的文化障碍，传统教学模式造成的学生缺乏跨文化交流的能力，以及日语教学模式的建构。

一、日语跨文化教学目标

教学目的是教学模式的核心，它在教学过程、教学内容和教学方法上起着引领作用。本节从跨文化的目的出发，探索跨文化日语的教学目的。

《教育对文化发展的贡献》是由联合国教科文组织起草的78号文件，它对跨文化教学的目的做出了一个指导性的阐释："文化教育是一种跨文化或多种文化的教育。""跨文化或多文化主义是一种对不同文化的认识和了解，并在一个国家内的各个文化要素和世界上的不同文化之间进行积极的沟通和补充。"

这份报告从对跨文化的诠释出发，进一步阐明了跨文化教育的目标："提倡尊重、理解和充实文化多样性，认识到不同群体的文化、加强国际了解，并努力克服各种排挤现象，努力从了解本国民族的文化发展到欣赏邻国的文化，最后欣赏世界文化。"从文化教育、跨文化性、跨文化教育三个层面对跨文化教育进行界定。一方面，强调教育在促进跨文化理解和交流、促进文化多样性、增进文化知识与理解等方面的重要作用；另一方面，也简单地阐述了它"从了解本国民族的文化到欣赏邻国的文化，最后欣赏世界文化"这一个人的目的。跨文化日语教学作为一种普遍的跨文化教学目的，是其共同的目的。跨文化交际在日语跨文化教学中应具体体现在教学目的上。在跨文化教学目标的研究中，最具代表性的是"跨文化目标"理论。

　　从日语的角度来看，主要是要使学生了解日本的文化，培养尊重、宽容、平等、开放的跨文化心理，以及对中日两国文化的有效沟通、理解、比较、参考、吸收、舍弃、合作和传播的能力。这就需要改变现有的教育理论与实践的知识本位，使传统的知识向知识、能力和情感并重的多元教育目标转化。日语的跨文化交流能力越来越受到人们的关注，特别是在对目前的教学方式和教学效果进行反思的基础上。跨文化交流能力的培养，使日语专业的学生具备超越国家本位的能力，善于欣赏日本的文化，并能在特定的环境下适当地表达自己的情感，是日语教育的一个主要目的。日语教学和交流教学目标的改变，必将给日语教学理念、教学内容和教学方法产生深刻的影响。

二、日语跨文化教学理念

（一）语言教学即文化教学的理念

　　随着语言学和相关学科的发展，日语教育界对"语言"也就是"文化"的教育问题越来越多地形成了一种共识。

　　这种思想是建立在语言和文化相互依赖的基础上的。正如萨丕尔所说的"语言是不能与文化分离的"。

　　C. 克拉姆契在《语言与文化》一书中，从语言的功能出发，揭示了语言与文化之间的联系，语言表达文化的现实。可以说，语言是文化的象征与基石，是人类社会文化的中心，因此，语言的学习不可避免地要涉及到文化的学习。

　　语言、文化、交际三者的紧密联系，使语言教学成为文化教学，语言学习的实质就是语言和文化的学习，而语言教学的实质就是跨文化交际。

　　因此，日语的教学不仅具有语文和文化的双重意义。要使学生掌握语音、语法、词汇等知识和使用规范，并能与日语使用者进行有效的沟通，使学习者摆脱母语和目标语及其对应的特定文化的桎梏，理解日本人的价值观念、宗教信仰、心理和个性，也就是对自己的社会文化的理解，使他们具备适应多种社会和文化的灵活沟通的能力。

（二）学习者为中心的理念

跨文化教学是以学生为本的教学思想，这是现代外语教学的一个重要特征，也是其自身的特征。

在布鲁姆的目标分类理论、罗杰斯的人文主义理论和建构主义理论的影响下，现代教育努力克服了传统的知识传授、忽视能力发展和情感体验的弊端，重视学生主体性的培养，重视学生的能力、智力和情感体验。从日语学习的特征来看，其知识、能力、情感等多维度的培养，也必然需要从传统的教学方式转向以学生为中心的教学方式。

在这种教学方式下，师生关系发生了改变，老师成为指导者和推动者，而极端的观点则主张"非指导性"，教师应该重视学生的自主性和师生之间的情感沟通。

要使学生的情感和智力资源得到最大程度的开发，并与他们的生活经验紧密相连。而在课程设计中，教师与学生是一种合作的过程。它与传统的教学模式不同。

在传统的课程设计中，决策都是由非专业人士来做，例如需求分析师或程序设计者。在新课程的每个阶段，学生都会参与到教学内容的选择、教学方法、评估等方面的选择，从而促进学生的学习积极性。

三、中日跨文化交际中的主要文化障碍

（一）词汇习得中的文化障碍

中日都属于汉字文化的范畴，中国人在学习日语的时候，往往要面对大量的汉字符号，这对于两国的文化交流和外语学习者都是有利的。

日本汉字和汉语有异曲同工之妙，但其含义并不完全一致。例如，汉日同形词就是这样的例子。日语中的某些词语和汉语的词形是一样的，有的意思相同，有的意思却是截然相反的。

汉日同形词在语义和语用方面存在着细微的差别，使两国学生在交流中出现了一定的困难，甚至出现了母语的负向迁移，用汉语的知识来了解汉语中的词汇。这就使得日语的汉语使用者对其意义产生了误解，从而产生了误用现象。

又如因联想而引起的不同，有时也会造成交流上的障碍。就像外国人听到中国人说"望子成龙"，往往会觉得"龙"很恐怖，中国人把它看作是神圣的，是力量的象征。又

如中国人以"老"来称呼别人,以示尊重与友善,"老王"也许才三四十,"王老"却是一位七八十岁的老人。而日本则是以西式的方式来看待,尤其是女性的年纪,更是一种私人的隐秘,叫"老"字,就会让人误会为年纪大了。

所以,在进行跨文化交往时,双方都不能以自己国家的习俗和文化观念去衡量对方的交际行为,以免造成误用。

(二)跨文化交际中的语用障碍

语用学是一种关于语言行为的规范和控制的学说。语言行为包括招呼、应答、应酬、劝说等。

在社会场合,如称呼、介绍、拜访、拒绝、道歉、寒暄、赞扬等,除了肢体、行为等副语言之外,通常还表现在有声语言上。尤其日语在这一点上做了细致的分类,在几乎所有的情况下都有非常严格的规定。中日因文化背景的差异,在交流过程中常常因不当的语言运用而产生误解。在很多跨文化交流中,语用障碍是造成语言错误的主要因素。

日本人讲究用心灵沟通,同样的文化,就算没有说完,也能明白彼此想要说什么,所以有许多的省略或温暖的词语。不留意在不同情况下所用的微妙差异,就会造成误会。中国人更愿意打破砂锅问到底。在交流中,日本人认为是不言自明的,但中国人却坚持要去追问原因,从而造成了交流过程中的尴尬和不愉快。

因此,要真正了解和运用一种外语,光知道它的发音、词汇和语法是远远不够的。

四、传统日语教学模式分析

现在中国大多数日语教育都是从上了大学开始,没有太多的语言基础,因此在教授一些基本的语言知识时就变得尤为重要,也由此出现了一系列的问题。

首先,过于注重对语言的传授。许多大学在课程设置上偏"读",例如精读班或日语班,在日语的相关课程中,词汇、文法的学习都是以"听""说"为主要内容,而日语交际技巧的培养却占用了较少的课时,这也是导致学生沟通能力较差的一个重要因素。其次,就是教育的方式。教师在课堂中讲授的是词汇、文法,注重字句的领悟,而不注重语境与文化的导入。本节所述的语用,即是指掌握语境。

第四,缺乏对跨文化交流能力的培养。传统日语教学中,若缺乏沟通技巧的培训,或不恰当地引入日本、日语等文化,则学习的都是死记硬背的知识,而当使用时,则会产生一种难以沟通的恐惧心理。

此外,许多大学没有充分考虑到日语专业的特点,造成了课程设置上的偏移。

目前，我国大学日语专业的学生大都是从零开始学日语，因此，在教学内容上不能完全遵循日语教学的传统。老师们只会把有限的教学时间用于教学，而不能兼顾跨文化交流，从而导致学生的跨文化交流水平下降。

本节认为，要正确认识语言与语用之间的紧密联系，培养学生在交际过程中使用语用策略，以达到消除歧义、增强跨文化交流能力的目的。

五、构建跨文化日语教学模式策略

身为语文老师，尤其是教日语的老师，不能离开日本的文化环境，孤立地教授日语的知识，而应该将日本的文化、日本人的行为习惯、心理特征等，纳入到日语教学的各个环节。

在英语教学中，文化知识的传递是非常重要的，如果能够将其与外语教学相结合，那么就可以有效地提高学生的跨文化交流水平。因此，日语跨文化教学模式的建构就成了我国外语教学改革的一个重要环节。

（一）教师应转变教学理念，调整教学内容

首先，要改变教育的基本观念。日语本科的基础课程不能仅限于语音、词汇、语法等方面，有的同学的发音、词汇、语法都基本正确，但在实际的交际环境中，他们未必能顺利、高效地进行沟通。由于语言教学不仅要教授语音、词汇、语法等语言知识，还要从语言形式、文化背景、语言环境等方面进行认识与语用的研究，以营造良好的语言环境，促进学生多用外语进行交际。

其次，要对教学内容进行适当的调整。我们正处于一个具有中国特色的社会主义新时期，是一个急需跨文化交流的社会。为此，大学日语课程的教学内容要做相应的调整，以适应新时期的要求。

我们不但要注重语言能力的培养，而且要培养他们阅读日本的文学，认识日本的历史和文化，并要有很深的中文基础，对中国的文化有很深的理解，只有这样，我们才能把文化宣传工作做得更好，成为中日友好交往的一座桥梁。

（二）进行课堂教学改革，引导学生提升跨文化交际能力

日语教学不仅要让学生掌握一种语言，更要让他们能够在现实生活中正确地掌握日语，恰当地运用日语来表达自己的想法，从而实现跨文化交流。

传统日语课堂以老师授课为主，以语法讲解和翻译实践为目的，以"文法"为核心的

教学方法。教室里，只有少数老师允许学生讲话，不能实现真正的日语沟通，

所以当他们要用日语的时候，由于缺乏实际的交流经验，很容易造成交流不顺畅，甚至是失败。本节认为，日语课堂教学模式的改革应从两个方面着手：

第一，把课堂教学的重心从中间移开。目前普遍倡导以学生为本的翻转课堂，即以学生的学习成效为核心，以学生的学习需求为核心。

把课堂教学重心转向"学生"，使学生在课堂上的思维活动更为活跃，并能提高学生对课后的学习兴趣。

第二，把教学的中心从根本上转移。从"知识传授"到"引导交际"的转变，是一种新的教学方式。在外语教学过程中，教师可以采用语境教学法、交际用语教学法等方法来营造外语学习环境。

在课堂上引入先进的科学技术装备，也是一项重大的改革。以往教学手段单一，课堂教学形式单一，而采用多媒体教学，既能有效地解决以上问题，又能及时地对教学内容进行及时更新，增加了对语言的背景知识。同时，也可以采用目前较为流行的微课、慕课等新的教学方式，以改善课堂教学的质量，取得较好的教学效果。

（三）增加多种实践机会，使学生在实践中提高跨文化交际水平

一是引入日本原版教材、小说、杂志、漫画、报纸等各类书籍，使学生能亲身体验日语的生活，并能更好地了解日本人的心理活动，增强他们的文化情感，促进他们进行跨文化交流。

二是争取多个对外交往的机会，积极地吸引高水平的日语老师和日本学生。我们在提升日语教师的素质的同时，也应加强与日本九州外语学院的国际交流，例如延安大学与九州外语学院联合举办的"留学生实习基地"计划。在日本公司实习，可以让同学们深入日本，接触日本的真实语言，使他们在日语上的应用能力得到极大的提升。

三是要多举办日语课外活动，为学生创造一个较好的学习环境。例如，组织日语配音大赛、日语演讲大赛，高年级同学也可以模拟不同的陪同翻译场景、模拟商务谈判、组织外语文化节等活动，让学生充分融入日语教学活动，激发他们的学习热情，获得良好的交流经验，同时也实现了拓展知识和跨文化交流的双重目标。

（四）基于现代教育技术改革教学模式

跨文化教学是一种以现代教育技术为基础的跨文化教学模式。它将现代教育技术和日语跨文化教学有机地融合在一起，凸显了学生在日语教学中的核心地位，以及文化学习的

特征。以现代教育技术为基础的跨文化教学，其内容丰富，形式多样，以文字、图像、音频、视频等多种形式进行信息传递，并将协作学习与托架教学相结合，为学生进行跨文化教学开辟了一条新的道路。

在教学实践中，教师可以采用多种方法进行教学。例如，在跨文化教学中，利用文字、视频、音频、图像等多种模式进行教学。再比如，虚拟现实技术，利用视觉、听觉、触觉、真实感、交互性、可重复性等特性，在虚拟场景中进行实时交互。虚拟现实教学为学生提供了丰富的跨文化环境。

将交际的实践机会转化为语言与文化的有效整合。另外，利用网路资源、网路通讯工具、网路聊天等学习方法，能为学生提供真实的学习情境，亦是值得重视的学习方法。

第六章 基于跨文化的交际日语教学实践研究

第一节 交际日语与教学策略分析

交际日语教学策略是在交际教学目标确定之后，根据已定的交际教学任务和学生交际水平等特征有针对性地选择与组合相关的交际教学内容、教学组织形式、教学方法和技术而形成的具有效率意义、特色的日语交际教学方案。交际日语教学能否成功在很大程度上取决于教学的策略性，本节将主要从创境策略、展示策略、训练策略、文化导入策略和功能评价策略五个方面来论述具体的日语交际教学策略。

一、创境策略

学习是一种真实情境的体验，只有在真实情境中学习才能变得更为有效。实践证明，如果教师能为学生营造出各种真实的语言情境，不但可以促进学生积极主动学习，还可以加快学生掌握实际应用外语能力的速度。

（一）创境的主要形式

1. 角色表演

角色表演是情境教学最为主要的教学手段，也是深受学生喜爱的交际练习方式。由于这种教学方法使学生能够在各种社交场合进行社交活动，使学生摆脱机械、重复、单调的练习，为有效的沟通创造了条件。老师可以根据自己的职责来安排自己的工作，并在适当的时候对他们进行的引导。表演完毕后，首先请同学们就表演技巧、语言运用等提出自己的意见，最后再由老师对表演进行总结和评价。

2. 配音

配音这一方式同样可以很好地锻炼学生的交际表达能力。老师选择一段日本影视作品，要求同学们先听一遍，然后再解释一些比较困难的地方；其次，让同学们听一遍，并试着把它们背下来；最后，将影片设置为静音，让同学们模拟影片中的人物。在学习日语的过程中，既可以减轻学生的紧张情绪，又可以提高他们的自信与成就感，也可以使他们掌握最纯正的英语。

（二）创境的注意事项

教师在为学生创设情境时要注意情境主题的真实性，选择那些最自然、最常用、最典型、最适合言语交际的情境，同时还要与学生的生活、学习密切相关，这样可以帮助学生把所要学习的内容和创设的情境相联系，使学生"沉浸"在真实的情境中，习得语言时不会产生任何的焦虑以及压力，从而培养其在现实环境的情境中自然输出语言的能力。另外，需要说明的一点是，教师选择的情境必须与教学目标相一致。

二、展示策略

展示策略主要涉及两个部分，即展示的方式和展示的原则。

（一）展示的方式

1. 按展示主体划分

按照展示主体的不同，展示方式可以分为学习者展示和教师展示两种类型。学习者展示是指由学生完成，多属于归纳展示。学习者展示可以更好地发挥学生的主体作用，训练学习者的分析能力。

在展示中，学习者通过对材料的分析来发现表达方式，自己总结规律，从而提高学生的自学能力。教师展示是指从教师的角度出发，由教师进行展示。一般来说，演绎展示多属于教师主体展示，另外，归纳展示中如果是教师根据材料归纳讲解，一样属于教师展示。

2. 按对材料的使用划分

展示的方式很多，按照对材料的使用可以分为演绎展示和归纳展示两种类型。演绎展示是教师根据教学的需要直接介绍，然后举例说明表达的方式，设计语境进行练习。归纳展示是对文本材料、视频材料等材料的分析呈现表达方式。

一般情况下，首先听对话、观看视频，然后根据对话和视频的话题呈现功能，进而组织学生分析对话语言找出表达的语言形式。

3. 按展示所用材料划分

从展示所用材料的不同来分，展示可以分为多媒体辅助展示和无辅助展示。

多媒体辅助展示是指在展示功能时借助多媒体设备，如幻灯片、动画、视频、网络等展示对话材料，通过所展示的功能，所使用的语言和副语言呈现给学生。无辅助展示是指在教学中使用纸介文本，或者是现场的对话，利用黑板等设备呈现功能以及表达方式。在那些不具备使用多媒体、网络等现代教育技术的学校，无辅助展示是十分常用的手段。

（二）展示的原则

1. 经济原则

经济原则，是指以最小的投入获得最大的产出。任何投入都讲究经济原则，对学生进行材料的展示也不例外。经济学原理是以最少的时间、最少的精力和最少的财力投入来达到最好的展示效果。

比如，教师要为学生进行材料展示，如果手中教科书没有配套的视频材料，最好选择多媒体。而如果没有合适的视频，教师又想自己制作 flash 动画，但又不具备技术优势，需要请人帮助制作，就不如选择纸介文本，这样将节省下来的时间充分地用到课堂上，才更能体现其价值。

2. 简易原则

简易原则要求展示应该尽可能地简单明了，不要把简单的事情复杂化。在多媒体技术高度发达的时代，尽可能使用多媒体技术已经成为人们追求的目标，但是值得注意的是，不要为了使用多媒体而使用。

3. 效果原则

效果原则，是指展示方式的选择应以能够保证达到最佳展示效果为标准。如果无辅助展示的效果要弱于多媒体设备展示，并且学校又具有配套的设备，那么从效果原则考虑，最好使用多媒体展示。从这方面来讲，简易原则应该服务于效果原则。

三、训练策略

教师在对学生进行训练时要使用合适的训练方式，遵循正确的训练原则，以保证训练的效果。

（一）训练的方式

1. 控制性反应活动

控制性反应是指在教学中，教师按照学生的需要来设计情境，而学生则是在情境的引导下做出相应的动作和反应。语言反应应用范围比较广，可以用于任何阶段的教学。

语境的提示可以用图片、语言、视频材料等，视具体的功能要求、学习风格和学习者的多元智能倾向而定。例如，在主动提供帮助功能的训练中，教师可以给出学习者若干图片，提示需要帮助的几个语境，学习者看到语境说出可以用什么语言提供帮助。

2. 图画信息沟

这一教学手段可采用的方式有很多，主要包括图表填充活动、问答活动、操作程序补充活动、调查活动、信息卡对话等。这里以图画信息沟为例，来重点说明这一教学手段的运作。其主要实施方法如下：

第一步，选取与主题有关的图片；

步骤二，把这幅图变成两幅信息相辅相成的画面；

第三步，把同学们分为二人一组，把图片分发给每一位同学；

第四步，通过图片进行会话，获得信息，完成自己的图片；

第五步，对学生的行为进行取样。

3. 观点沟活动

观点沟活动与信息沟活动类似，但二者涉及的内容不同。在观点沟活动中，不同交际对象的回复可能存在差别，但是回复的信息没有对错之分，因为不同的情境下反应会有所不同。通过这种对话所训练的是学习者利用所给的结构询问观点和表达观点的能力，具体观点可因人而异。

4. 角色扮演活动

角色扮演也是交际训练中经常采用的活动形式。角色扮演与两个学生一起朗读有本质的区别：第一，在角色扮演过程中存在着信息的鸿沟，两个人必须在对话中学习到知识；第二，角色扮演需要教师为学生创造新的情境；第三，角色扮演中的每一个角色都有自己的自由。

（二）训练的原则

在具体的交际训练过程中，教师应该遵循如下的原则。

1. 质量原则

质量原则要求训练的效果以准确和得体为标准。也就是说，训练要保证学生能够在适当的场合使用适当的表达方式进行交际训练。

在实践中，不同的场合、不同的话题、不同的目的、不同的对象对语言的要求不同。需要注意的是语言必须形式正确、表达流畅，只有使用准确的语言，符合语域的要求，训练才算符合要求。

2. 真实原则

只有设计真实的语境，或者在现实生活中有可能发生的语境中进行练习才能体现交际性。在模拟的语境中，可以设计不止一个语境，让学习者反复运用需要练习的句型。在模拟的真实环境中练习交际，学习者可以有充分的准备过程。同时，学生可以反复在同一个语境中运用所学对话，直到他们感到满意为止。

3. 数量原则

数量的原则是，训练不能只是一种一次性的动作，而且对于相同的功能和表现形式，训练的内容也要满足一定的条件。这要求教师可以提供多种类似的语境使学生能够运用同一种方式表达思想。

4. 交际原则

交际原则是为了使学习者能够了解语言和副语言的交际功能在具体语境中的意义。因为训练的目的是交际，故交际性在训练中起着十分重要的作用。要贯彻交际原则就有必要赋予训练交际目的，通过信息沟、观点沟、角色扮演活动训练学习者使用某种策略的准确性。

五、功能评价策略

日语交际教学中的功能评价策略包括形成性评价、总结性评价。

形成性评价可以是课堂教学过程之中的评价，也可以是学习者在整个学期中交际发展的历程性评价；总结性评价可以是课堂教学中的目标达成评价，也可以是期末的交流能力评价。

（一）形成性功能评价

1. 课堂教学中的形成性评价

课堂教学过程中的形成性评价是教学设计所关注的核心内容。它需要教师将教学功能目标划分为若干阶段评估指标，并针对各阶段指标的特征进行相应的评估。形成性评估主要是针对学生的阶段性目标进行诊断。其原因是什么，接下来的活动应该如何开展。

根据形成性评价的要求，在课堂教学过程中教师要通过自己的课堂观察与学生之间的对话诊断学习者的学习进展，为学习者功能方面的发展提供自我建构的环境。

2. 学习历程中的形成性评价

学习历程中的形成性评价要求教师通过建立学习文件夹、学习者会议、功能发展自我监控、学习日志等评价学习者的功能学习。

（二）总结性功能评价

总结性评价是一种结果性评价，是在某一相对完整的教学阶段结束后对整个教学目标实现的程度作出的评价。

总结性评价通常发生在课堂教学结束、单元结束、学期结束以及学业结束时进行，用于确定教学目标达成的程度。总结性评价可以根据学习者的具体情况采用不同的评价标准。

1. 课堂教学中的总结性评价

任何课堂教学中总结性评价都必须以满足课堂教学目标为标准，交际教学中的总结性评价也不能例外。与其他课堂教学中的目标达成评价不同，交际教学中的目标达成评价可以采用应用性活动。也就是说，应用阶段的产出性活动本身就可以作为目标达成评价活动。

2. 交际能力评价

交际能力的评价必须贯彻真实性原则和任务性原则，通过学习者完成真实的交际任务评价学习者的交际能力，评价学习者的功能实施能力。学校在期中、期末考试中的交际评价以及水平测试中的交际评价应该属于交际能力评价范畴。需要说明的是，水平测试中的交际能力评价在评价标准上的要求是统一的，而课堂教学中的总结性评价可以根据学习者的具体情况采用不同的评价标准。

第二节　影响交际日语教学的要素分析

交际日语是中日交流中的重要交际工具，重视交际日语教学是日语教学的共同趋势。交际日语教学是以培养学生的日语交际能力为根本目的的教学，交际是目的，而口语会话是手段。我国学生的日语学习普遍存在技能水平低下的情况，尤其是交际日语水平更与实际需要相差很远，存在众多影响交际日语教学的不利因素。

随着我国日语教学改革的不断深入，日语的口语能力被视为人文综合素质的重要体现，对学生日语语言能力的培养是全球化社会的要求，是每一个日语教育工作者必须关注的问题。本节将对交际日语教学的现状以及影响交际日语教学的要素进行详尽地分析，探索交际日语教学的改革方案，以期为现代交际日语教学提供可行性建议。

一、交际日语教学问题

（一）教师问题

1. 汉语授课

在缺乏日语大环境的情况下，课堂就成了学生接触日语、练习口语最主要的场所，而有些教师却用汉语授课，更加恶化了学生说日语的环境。造成这一现象的原因主要有以下三个方面：

（1）学生的日语水平参差不齐，教师要想让所有学生都能跟得上教学进度，就不得不放弃日语授课。

（2）为了追赶教学进度，应付新日本语能力测试 N1、N2 考试，教师不得不用汉语讲授知识，以便尽快把知识灌输给学生。

（3）日语课时少，时间紧任务重，既要照顾到精读、泛读，又要兼顾写作与听力。

2. 教学方法滞后

我国的日语交际教学一直是日语教学的组成部分，不是单独授课，所以日语教学中的一些问题也直接反映到了口语教学中，而教学手段落后是一个很大的问题。在日语交际教学中，老师们还习惯于采取"讲授、练、用"的传统教学方式，这种方式虽然表面上是"教法"，但实际上，它限制了学习者的学习积极性。

（二）学生问题

1. 心理压力大，缺乏自信

学生在经历了长时间"重读写、轻听说"氛围的熏陶后，往往对口头表达心虚、不自信。尽管有些学生的口语能力可能并不差，但是由于缺乏自信还是不愿意开口说日语。即使有一小部分学生愿意与人进行口语交流，也总有一种紧张感和恐惧感，总是担心说错，害怕被教师批评、被同学嘲笑，而那些发音不好的学生更不敢表达自己。这种心态往往容易造成一个恶性循环，即"害怕口语练习—排斥口语练习—口语能力变差—更加害怕口语练习"。

2. 语音不标准，词汇贫乏

学生的日语基础和语言接受能力不同，因此口语的水平也有异。另外，地方口音不同程度上也直接影响了他们交际日语语音、语调的标准性。而且我国学生大多接受的是灌输式的教学，听得多，说得少，因此往往存在语音不准确、语调缺乏起伏、表达含混不清等问题。

（二）教学条件问题

1. 缺乏配套教材

通过调查国内现有的日语教材可以发现，这些教材大多按精读、泛读、快速阅读、听力等单项技能分册发行，口语教材不够丰富。日语训练一般依托于听力训练，这样的练习活动内容简短且缺乏系统性。这不仅与口语在人们生活中使用的比重不符，而且也会给学生造成一种错觉，认为口语学习没有听、读、写、译重要，因而在思想上轻视口语学习。市场上的口语教材也都难以发挥实效，有的教材专门针对某一专业、领域，难度极大，有的教材则只涉及简单的问候、介绍等日常用语，过于简单，无法满足社会各领域对相应口语能力的要求。由此可见，配套教材的欠缺是制约口语教学效果的一个重要因素。

2. 课时不足

课时不足是我国交际日语教学的一个显著而直接的问题。口语能力的提高需要花费大量的时间，进行大量的实践，而口语教学既然未被独立出来单独讲授，那么在当下重形式、轻运用的日语整体教学中，其教学时间就得不到保证。教学时间的不足是交际日语教学的硬伤，直接导致学生的口语能力低下。

3. 口语评估制度欠缺

评估可以检验教学的质量，是教学中不可或缺的重要环节。我国最常使用、影响最大的评估方式就是考试，例如中小学的期中、期末考试，大学的日语四、六级考试等。然而，这些考试都是对学生听力、阅读、写作、翻译技能的检测，基本没有涉及口语检测，而专门用于检验口语水平的测试少之又少，这意味着我国的交际日语教学缺少一套成熟、健全的评估制度。

造成这一现状的原因在于口语考试的实施与操作都有一定的难度，如材料难易程度的把握、考试的信度与效度等。

二、影响要因分析

在交际日语教学过程中，有很多因素影响和左右着口语教学的效果，下面将从学生、教师、环境三个方面进行分析。

（一）学生因素分析

从学生层面分析，影响交际日语教学效果的因素主要有认知因素和心理因素两个方面。

1. 认知因素

口语是一项语言输出技能，需要以语言输入为前提。因此，外语学习者首先要掌握目标语的语音、词汇、句法知识，并为其提供相应的语料。

2. 心理因素

在知识水平相当的情况下，不同的心理状态会影响到学生的学习状态和效果，影响到交际日语表达能力的培养和提高。

（二）教师因素分析

从教师层面分析，影响交际日语教学效果的因素主要有以下几个方面：

1. 教师自身的素质

教师自身的素质对日语教学的影响很大，因为教师自身素质的高低会在很大程度上左右着交际日语教学的效果，如果教师的发音不准确，那么学生就不可能学到正确的日语发音。此外，教师的词汇量、语法知识、日语文化的掌握程度都会在口语教学中不知不觉地影响着学生交际日语的学习。

2. 课堂气氛的营造

教师之所以应该尽力营造良好的、轻松自由的日语教学的课堂气氛，鼓励学生敢于表达，不怕犯错，其原因就在于课堂氛围在很大程度上影响着学生对日语课堂教学的兴趣以及用日语进行表达的积极性，影响着交际日语教学的效果。

口语教学重在让学生拥有用日语来表达自己观点的机会，如果课堂氛围太压抑，学生心理上便会受到很大的消极影响，从而不敢开口说日语，更甚者失去学习交际日语的兴趣，故课堂气氛的营造对于交际日语教学而言是至关重要的。

3. 教学观念的影响

教学观念对交际日语教学的影响，表现在教师对口语的准确和流利的要求上。准确和流利是交际语言教学的重要目标，偏废了任何一方都不能说是完整地完成了口语教授。

众所周知，日语学习并非是一而就的，交际日语学习需要一个循序渐进的过程，因此学生的交际日语一开始并不能做到既准确又流利，教师不应该一开始就要求学生做到像日语本族语者说得那样准确完美。

教学观念对交际日语教学的影响表现在教师对学生所犯的口语错误的态度上。学生在语言学习过程中犯错误是在所难免的，教师对学生口语表达中出现的错误不宜过分严厉，更不宜逢错必纠，过多的纠错不仅会中断学生的思维，而且会伤害到学生的自尊，影响学生交际日语表达能力的培养。需要注意的是，教师在纠错时一定要注意纠正的方法，要以学生能够接受的态度和言行进行，切记不要伤害学生的自信心。

教学观念对交际日语教学的影响还表现在日语教学的重点上。传统的日语教学以应付考试为中心，因此教师习惯把重点放在讲解语法上，仍然采用阅读、背诵、默写的方式，而忽视了教材中安排的大量口语活动，忽视了对学生交际日语能力的培养，学生没有机会提高口语交际能力，以至于"哑巴外语"的现象普遍存在于全国各大高校中。

（三）环境因素分析

日语是一门交际工具，学生只有在交际中不断地练习、运用，他们的交际日语能力才能真正得到锻炼、培养和提高。

日语在我国是外语，我国学生在汉语母语的环境中学习日语，日语语言学习环境不够稳定，即便在课堂上可以熟练掌握语法的规律，但由于缺乏相应的语言运用环境，极少学生能够达到交际日语的准确性和流利性相互平衡。因此，环境因素也是影响交际日语教学一个不容忽视的重要方面。

第三节 交际日语的口语教学研究

口语是人与人之间面对面地进行口头表达的语言，是人类社会使用最频繁的交际工具，也是书面语的基础。

可以说，日语口语不仅是日语学习的一个重头戏，也是令学生、教师最头疼的一项技能。对我国大部分学生而言，读好、写好甚至听好日语都并非难事，但要想说一口流利的日语却并不容易。一方面是因为日语口语本身对学生的语言能力要求较高，学生没有太多的时间来思考所说的话语；另一方面则是由于教师对日语口语教学的理解不到位，口语教学的方法和策略不得当所致。因此，需要研究现代日语口语教学策略及其实践，具体涉及的内容有：口语的特征、影响日语口语教学的因素、日语口语教学的内容和目标、日语口语教学的现状和改革，并在以上内容的基础上探讨日语口语教学的策略及其实践。

一、口语的特征

口头表达的不同阶段有着不同的特点,接下来介绍语言生成过程、说话时和生成以后三个阶段的特征。

(一) 语言生成过程的特征

荷兰心理语言学家莱沃尔特(Level)曾指出,语言在生成的过程中一般要经历"构思概念—组织语言—发出声音—自我监控"的过程。

"构思概念"是指话语发出者打算说什么,想要达到怎样的目的。如果"构思概念"失败,则会导致交际者无话可说、无言以对等结果。当前,我国学生普遍存在的"哑巴外语"现象产生的一个主要原因就是这一环节的失败。例如,有些人见了面寒暄几句以后就再无话说,这就是说话人并未构思出来说什么、如何说的结果。

"组织语言"是发话人根据自己的意图、目的,选择合适的语言材料(包括单词、短语、句子、语调等)将所要表达的意思组织起来。如果语言组织不好,就会导致表达语无伦次、词不达意等问题。这一点在学生实际的日语口语表达中表现为用词不当、逻辑混乱,说起话来结结巴巴、错误百出。

"发出声音"是发话人运用发音器官将组织起来的、有逻辑的完整意思转化成为实实在在的声音。在此环节中经常出现的问题是语音和语调不准、难听,甚至是怪腔怪调。

"自我监控"是发话人对生成的语言进行观察、调整、修正等。"自我监控"的失败有两种表现:自我监控缺失和自我监控过度。前者导致发话人不能及时发现、调整和纠正表达中的错误,因而导致交际失败;后者则会令发话人过分干预表达,因而出现表达不流畅、不自然,语速缓慢、语言呆板等问题,严重者还会导致交际进行不下去。

(二) 说话时的情景特征

拜盖德(Bygate)曾将说话时的情景特征概括为三个方面:

第一,即时性。即时性,是指说话活动一般情况下都是即时发生的,没有经过事先准备,更不可能对说话的内容进行计划和纠正。

第二,面对面。面对面,是指口头交际一般是由说话人和听话人面对面进行的。

第三,相互性。相互性,是指口头交际双方一般都拥有平等参与语言生成过程的权利,并通过互动来促使交际继续下去。

以上三个特征决定了口语最能体现语言交际的本质,因此,要想提高学生的日语交际能力，教师必须加强日语口语教学。

（三）生成后的语言特征

口语生成以后的特征主要有句子短小、结构简单、多日常用语、多重复、多停顿、多省略句、多残缺句、有自我纠正等，这些特征也意味着学生在日语口语表达中要以流利性为首，同时兼顾准确性，另外还要选用一些日常口语词汇和句型。

二、日语口语教学的内容

日语口语教学是以培养学习者的口头交际能力为目标的课堂教学，其教学内容大致包括以下三个方面：

（一）教学生利用语音、语调表达正确的意思

语音、语调具有一定的表意功能，人一开口说话就必然会涉及语音、语调，如高低起伏、轻重缓急、音调音质等。在教学中，教师不仅要关注句子层面的语音、语调，而且更要关注口语语篇中的语音、语调。

有学者说过："如果发不出你想发的音，那么就无法表达你想表达的意思。"这句话充分说明了在口语教学中语音、语调教学的重要性。

（二）让学生了解口语的特征

口语有其自身的语法和词汇。例如，在口语语篇中，当谈话内容涉及听者的时候，疑问句通常省略主语和辅助动词。口语中常见的词汇模式是重复单词、使用同义词和反义词等，了解口语的特征有利于提高学生说的得体性。

（三）让学生掌握交际的知识和互动的技能

蒂莫西（Timothy）认为，怎样开始谈话是一个重要的问题，怎样结束谈话也是一个值得研究的问题。在口语教学的过程中，教学需要引导学生掌握下面一些口语交际的技能。

（1）话轮转换技巧对会话的成功起着至关重要的作用。

（2）口语教学还应培养学生在互动中进行意义磋商的技能，要求做到引出话题、转移话题、插话、维持交谈、引起注意、话轮转换、澄清意思、请求澄清、表示倾听和理解、预示和结束谈话以及利用语音、语调表达意思等技能的培养，以达到"提高说的得体性、准确性、流利性和连贯性，增强语感"的教学目的。具体到教学过程中，日语口语教学的

内容包含了语音训练、词汇和语法、会话技巧等，下面就这些内容做一些介绍。

1. 语音训练

语音教学的目的在于让学生掌握正确的语音和语调，包括重读、弱读、连读、音节、意群、停顿等。错误的发音、语调会造成他人的理解困难，甚至误解。因此，语音是学生在日语口语学习中必须掌握的内容。

2. 语调

语调，是指语音的"旋律"，也就是声调高低的变化。日语语调分为上升调和下降调，不同类型的句子使用的语调不同，表达的含义也不同，在句子中使用不同的语调可以表达不同的含义。

日语语调特点是平缓，没有大起大落，一个单词放在句子中，重音往往会有变化，原则是保持整个句子平缓，只要做到这个单词和它的前后保持平调，那么就不至于让人听着不舒服，语调基本上就是正确的了。

3. 节奏

日语是典型的节奏语言，说到节奏，就不能不提及音节。日语的音节，以假名为单位，一般都定义为"一个假名为一个音节"（勘音是两个假名一个音节）。音节分长音节和短音节两大类，日语音节只有一长一短的特点。日语的节奏有五个基本规则：①两个音节（假名）一个节奏；②以停顿补足，确保两个音节一个节奏；③长音节优先组合；④音节依次组合；数词的节奏。

第四节　交际日语的词汇教学分析

随着中日经济往来的不断深入，日语已成为中日商贸进程中必不可少的交流工具，人们也越来越重视学习这门语言。

在语言交际中，人们思想的表达通常以句子为单位，词汇是句子的一个组成部分，因此要想学好日语，必须先打下坚实的基础，词汇就是基础知识的重要内容。但是，词汇教学不能脱离日语句法教学，只有结合日语句法才能更好地学习日语和理解日语词汇。如果教师能选取恰当的教学策略教授词汇，那么将有助于学生更加高效地掌握日语词汇并且使日语学习事半功倍。

一、交际日语词汇教学的意义

词汇教学是语言教学的重要基础，它在整个语言教学过程中有着举足轻重的作用。然而，目前我国的日语词汇教学存在一定的问题，日语词汇学习已经成为阻碍学生学习日语的最大障碍。日语词汇教学在以往的教学活动中没有得到足够的重视，传统的直接教学法和视听教学法只是重视语法知识的学习，学生的日语词汇量很小。

从20世纪70年代开始，交际教学法的重要性逐渐凸显，此时人们开始重新考虑词汇的作用。特别是20世纪90年代以来，词汇教学的重要性得到了很大关注。

博林格指出，语言的表达并非一种临时行为，语言具有一定的重复性，人们在交际时是对一些预制词块的使用，这些预制词块的使用频率很高，将这些词块储存在大脑中可以有效减轻学生信息处理的心理压力和减小交流时的心理紧张感，提高口语表达的流利性。

在口头交际中，预制词块还可以在一定程度上避免因文化差异而造成的语用失误，因为预制词块是语境和语义的统一体，是些约定俗成的表达形式。掌握日语预制词块不仅可以提高学生的日语词汇量，还可以促进其他技能的提升，进而实现具备综合语言运用的能力。

二、交际日语词汇教学的基本原则

（一）直观性原则

在日语教材特别是初级阶段的日语教材中，多数词汇都是活用词汇。具体地说，活用词指的是一些普通的、经常使用的词，名词，动词，形容词，人称代词。

这些教科书以口语为主，形象直观。在词汇教学中，可以通过多种不同的语言情境，使枯燥的单词以直观的方式呈现。

这种直观的教学形式可以带领学生置身具体的环境之中，集中学生的注意力，激发学生的日语学习兴趣和积极性，并有助于学生理解所学词汇的含义，从而促使学生将日语与客观事物联系起来。

（二）情景性原则

词汇教学不能孤立地进行，要做到词不能离开句子，句子不能离开段落，要创设情景，要借助语境来教单词。在教学过程中，教师要充分利用教学资源，营造良好的教学氛围。

通过情景教学，可以帮助学生正确地掌握词汇的含义，增强词汇的记忆能力，并能有效地运用所学词汇。

（三）系统性原则

系统性，是指向学生展示日语词汇的系统性、联系性，使学生掌握日语词汇在各方面变化和转化的规律，化机械性记忆为理解性记忆。这里的系统性主要包含三种关系：形音联系、形义联系和聚合关系。

（1）形音联系。分析词形是提示词汇特征的有效手段，而根据读音规则、字母组合所发的音，可使其形与音联系起来，并归类在一起。

（2）形义联系。分析词根、词缀及合成词等构词法相关知识。

（3）聚合关系。利用词与词之间的同义、反义、上下义关系以及词义搭配和句法搭配等来分析理解和掌握词汇的规律。

（四）文化性原则

在不同的语言中，词语的意义完全相同的情况很少。即使是相同的词语，所表示的意义在不同的语言中也有所不同。例如，粉色在汉语中表示大自然的色彩，而在日语中却有另一层意思"色情的"。由于文化上的差异，即便是不同语言中概念意义或语面意义相同的词语，在意义和用法上也有很大的差异。

（五）循序渐进原则

任何学习都要经过一个循序渐进的过程，日语词汇学习也是如此。日语词汇的总数达上百万，其中有些简单，有些复杂。因此，词汇教学应该遵循循序渐进的原则，不可毫无层次、毫无系统地进行。

教师在讲解词的意义和用法时，应遵循由少到多、由易到难、由浅入深、层层递进地展开。当所教词汇是初次出现时，其范围不可超出所学材料，随着教材中新词义和新用法的出现，逐步扩大范围，以便加深学生的认识和理解。在词汇教学起始阶段，要由旧到新，即在教新的意义和用法前复习已学的意义和用法，不能超越学生的日语水平。

总之，词汇教学要步步为营，不可一跳而就，否则就会弄巧成拙，这对学生理解词汇的含义和使用有一定的不利影响。与此同时，随着日语水平的提高，应尽可能地拓宽学生的知识面，使学生了解到一个单词的多种用法，掌握一个单词在不同语境中的不同用法。

（六）重复性原则

德国著名的心理学家艾宾浩斯认为，遗忘的过程是不均匀的，记忆开始的时候会很快忘记，然后会慢慢地忘记，直到记忆结束之后，才会忘记。即"先快后慢"。一般来说，第一天遗忘速度最快，学得的知识一天后，如不抓紧复习就只剩下原来的25%。随着时间的推移，遗忘的速度减慢，遗忘的数量也就减少了。到了第六天后，遗忘就很少发生了。

如果学生学习的新知识到第六天还没有被遗忘，那么很有可能会永远记住它。可见，尽管遗忘是自然而然地发生的，但是防止或减少遗忘也是可能的。要使学生牢固地记住词汇，教师不仅要教给学生一定数量的单词，而且要帮助学生与遗忘做斗争，通过反复练习掌握所学的单词。

一些教师认为，教单词是教师的工作，而记单词则是学生的任务，这显然是片面的观点。教师在教授单词后，只是单纯地要求学生通过多遍抄写和背诵单词的简单化做法，难以帮助学生掌握词汇。在学习单词后，在一定时间内反复通过听、说、读写、译多种形式的练习活动，才能做到加深对单词的理解，巩固对单词的记忆，最终学会灵活运用。

（七）集中与分散相结合原则

集中教学可以使学生更系统地学习词汇，更能发挥学生智力因素的作用，学习强度越大，越能锻炼学生的记忆力，从而迅速提高学生非智力因素的修养。集中教学主要有以下几个特点：

（1）词汇选择。在词汇的选取上，除了教材后面的词汇表外，还包含了一些常见的词语。两者相辅相成，既能拓展学生的词汇量，又能使学生在课外阅读和自主学习中养成良好的阅读习惯。

（2）方法程序。集中教学的步骤主要有以下三个：

①思想的调动。让同学们了解词汇的可能性、任务、方法、困难和拼写，并做一张单词卡。②对记忆和遗忘的规则进行了系统的介绍。介绍循环记忆法和单字分析结构、联想、对比等，以及降低遗忘的途径。③示范—小结—识记。先对20个词汇进行示范，之后对这一过程进行经验小结，然后才正式开始集中识词。每天一节课教20个单词，每周识100个单词，复习一次，四周集中学习400~500个单词。

（3）战略优势。集中教学的战略优势主要体现在以下三个方面：

①有助于突破词汇障碍，为其它学科的学习打下基础；②能使学生在短期内形成良好的学习心理优势，消除学习中的消极因素，建立自信。③有效地提高学生的记忆力，掌握科学的记忆方式，对他们的一生都是有益的。

集中教学结束后，必须要有分散巩固，以便学生更好地理解、掌握和运用所学单词。概括来说，分散就是由大量集中知识学习转化为大量集中技能训练。总而言之，集中教学可以使词汇教学具有系统性，而分散记忆则可以减轻学生的记忆负担，如果将两者结合起来将会提高词汇教学的效果。

第五节 交际日语与教学评估

日语教学评估，是指日语教学中所有相关的用来测量与评估的方法，主要是为了诊断教师和学生在教与学过程中的障碍，从而保证学习目标的顺利实现。评估是教学不可或缺的环节，也是促进和保障教学的有利手段之一。

文化视角下交际日语教学改革已经把教学质量评估体制推到了必须变革的边缘。本节探讨现代日语教学评估的相关内容，主要包括日语教学评估的概述、原则以及策略。

一、教学评估的内容

教学评估是根据教学目的和教学原则，利用所有可行的评估方法及技术，对教学过程和预期的一切效果给予价值上的判断，目的是提供信息、改进教学和对被评估对象做出某种资格证明。教学评估中包括的评估者、评估对象以及评估过程三个要素，不仅决定了评估的结果，还决定了评估的内容，即学生评估、教师评估、过程评估、管理评估和课程评估。

（一）学生评估

1. 学力评估

对学生的学力评估是教学评估的重点之一。学力是一种综合的素质和能力，学力的内涵以及学力观不是一成不变的，而是会随着时代的发展、社会的变化而不断地发生变化。但不管怎样变化，有两点是不会变的：其一，强调学力是对知识、技能的掌握，以此形成某种能力；其二，强调学力是教育、教学的结果，注重学校、教育的作用，即学力的形成更多地依赖后天的学习和培养。

学力评估的目的是了解学生学习的状况及个体差异，为教学提供反馈信息，有助于教师对自己的教学进行适当的调整和改进，从而培养学生的综合能力。学力评估可通过多种方法进行，如标准学力测验、智力测验、实验法、观察法、评定法等。学力评估不仅有助于改善与促进教与学的成果，对培养学生的元认知监控也有积极的影响作用。

2. 学业评估

学业评估，是指根据学科课程标准中规定的学习目标和学习内容而对学生的学习过程

和成果进行的评估。它通常以测量为基础来展现学生的学习进展和学习成果，并据此作出价值判断，具有一定的补救、促进和协调功能

学业评估可采取多种多样的评估方法，如诊断性评估、形成性评估、总结性评估、安置性评估等。可使用的测量工具也有很多，如诊断性测验、自我报告清单、预备性测验、成就性测验、教师自编的掌握性测验或标准参照性测验等。在对学生的学业进行评估时，灵活使用这些评估方法和测量工具有助于全面评估学生的学习状况和结果。

学业评估的实践开展比较复杂，其中存在诸多矛盾和问题，尤其是对评估理念的把握和评估方法的运用，对教学评估造成了不小的障碍。

3. 品德与人格评估

对学生的品德和人格评估同样是教学评估中的一个重要部分。学生学习日语就是为自身的发展和社会发展做贡献。一旦学生的品德与人格不端正，就有可能对他人或社会造成危害。因此，日语教学评估也不能忽视对学生品德和人格的评估。

评估时，教师应注意从多个侧面采用不同的方法对学生的品德和人格进行全面、客观地评估，同时还要注意教学内容的科学性、思想性等对学生品德和人格的形成与发展所产生的影响的测定与评估。

（二）教师评估

教师作为整个教学过程的引导者，其素质的高低对教与学的成果以及学生的成长都起着重要的作用。因此，对教师素质的评估是教学评估的一项重要内容。对教师素质的评估一般包括四个方面：教学工作素质、教学能力素质、政治素质以及可持续发展素质。

（1）教学工作素质评估。对教师的教学工作素质进行评估，其主要内容包括课堂教学质量、教学改革成果、教学研究论文、教学经验总结、学生学习质量等。

（2）教学能力素质评估。对教师的教学能力素质进行评估，其主要内容包括独立进行教学活动的能力、完成教学工作量的能力等。

（3）政治素质评估。对教师的政治素质进行评估，其主要内容包括遵纪守法、工作态度、教书育人、为人师表、参与民主管理、政治理论水平、坚持四项基本原则、良好的文明行为等。

（4）可持续发展素质评估。对教师的可持续发展素质进行评估，其主要内容包括教学发展的潜能，自觉寻求发展的能力，自学能力，接受新理论、新方法、新技术的能力等。

（三）过程评估

当前，大多数教学评估只关注对教学结果、学生学习成绩的评估，而忽视学生在整个

学习过程中整体素质的提高。针对这一现状，从评估中延伸出了对教学过程的评估。

教学过程的评估，是指对师生双方通过教学达到目标的情况进行评估。由于过程评估发源于形成性评估，因此二者之间有许多共通之处，如都要求关注学生的发展和教学的整个过程。而在我国具体的教育环境、教育问题下，过程评估具有浓厚的我国特色，其对教学过程的评估也是对以目标为导向的形成性测量评估的一个突破。

（四）管理评估

管理评估有助于为日语教学管理工作指明方向。想要准确恰当地对教学管理的质量进行评估，首先必须了解日语教学管理的概念。

日语教学管理，是指根据日语教学的规律和特点，计划、组织、控制和监督日语教学工作。日语教学管理评估就是对这一过程及结果的评估。通过评估教学管理，教师能够发现管理中的问题，并及时加强和改进管理工作。

（五）课程评估

科学合理的课程设置有助于提高教与学的质量。因此，日语教学评估必然涉及对课程的评估。课程评估是对日语课程价值及功能的评估，主要有三个代表模式：泰勒的行为目标模式、斯塔弗尔比姆的 CIPP 模式以及斯克里文的目标游离模式。

二、日语教学评估策略

现代日语教学评估的策略有很多，下面主要从对学生的评估、对教师的评估以及对教材的评估等几个视角探讨日语教学评估的具体策略。

（一）对学生的评估策略

1. 档案评估策略

档案，是指组织或个人在以往的社会实践中直接形成的清晰的、确定的、具有完整记录作用的固化信息。

对于学生档案，其在教学上的应用便是对学生进行评估的一个重要工具。档案评估策略可以将课程与教学同评价相结合起来，贯穿到日常的教学活动中。学生的学习档案袋一般有课堂记录卡和个人作品档案袋两种形式。

2. 学习档案材料的收集

学习资料的方法有多种。如果决定对学生的学业档案进行评价，那么老师就应在新学年之初制定一个总体规划，例如：利用学生学习资料的终极目标、需要搜集哪些资料和由哪些人来搜集。

一旦问题弄明白了，信息搜集工作就会变得更加简单。因为搜集材料的时间很长，所以老师要养成学生的学习习惯，把自己的一切都搜集起来，然后把它们放在一个地方。

在制作学生的学习档案时，搜集资料并不难，但选择搜集哪些资料却很难。所以，同学们首先要学会把正确的材料分类，然后把它们放到自己的学习档案里。老师们经常先和学生们进行口头交流。同学们根据老师所提出的优秀作业的标准与范例进行讨论，并对各自的作业进行口头反思。在进行口头讨论时，老师要对学生所说的问题进行归纳和总结。

当学生掌握了口语交流的基本形式，能够用现有的标准来评价自己的工作时，就可以开始用笔来思考了。

3. 学习档案的制作

读书笔记是学生对所读书籍、文章的随时记录，坚持记录读书笔记有助于学生养成认真思考的习惯。

在教学过程中，教师可以鼓励学生就所读内容发表看法。这不仅有助于学生了解文章、书籍的内容，培养良好的读书习惯，同时也有助于学生锻炼写作能力。此外，制作阅读、写作档案和学生学习档案总结表。

4. 对学生档案的评估

评估学生学习档案时应注意以下几个方面：档案是否整洁易读；档案中的材料是否组织得好；档案中是否有具体范例；档案内容是否能够清晰、全面地反映学生一个阶段的学习成果；档案是否能够体现不同课程之间的联系。

（二）对教师的评估策略

这里主要介绍对教师授课质量的评估策略。首先要根据教育目标的要求制定出科学合理的评估指标体系，然后系统收集教师授课活动的有关信息，并据此分析和判断教学质量，最终为改进教学工作、提高教学质量提供依据，指明方向。下面是几种常用的教师评估策略。

1. 综合量表评估策略

综合量表评估策略十分注重教学活动的具体分解、对信息的处理和将标准进行统一，因而是一种比较精细的数量化的评估策略。它具有标准具体化、结果准确率高、评估人员主观干扰较少的特点。

2. 调查策略

调查策略不仅可以评估学生的学业，还可以同时评估教师的授课质量。问卷和访谈也是调查策略最常用的对教师进行评估的方法，通过调查策略可了解特定教师在一段时间内的教学情况，多用于专门鉴定教师的综合教学水平的管理性评估。

3. 分析策略

分析策略是通过对教学工作进行定性分析来评定教师授课质量，一般没有专门的评估标准，而是依靠测评人员的学识和经验进行评估。

分析策略的优点是能够突出主题或主要特征，且简便易行。缺点是主观性较强，规范性差。因此，分析策略适用于以改进教学工作为目的的日常教师授课评估，不适合规范的、管理型的教师授课质量评估。

（三）对教材的评估策略

教材是教学活动中最基本的和最重要的资源，也是教学过程的重要组成要素，因此对教材的评估很重要。评价课程材料通常需要涉及的方面有课程原理、计划、标准、教学辅导材料、教师指南、教学计划和教案等。教材评估的标准主要包括合理性和可行性。

为了落实课程教材的评估，必须实现标准的具体化。有关课程教材评估的标准有很多，所以在实施过程中，应根据对象的特点、目的、材料形式及适用领域加以选择和重组，同时还应确立每一项指标的加权方法，并兼顾数量和品质两个方面。

参考文献

[1] [瑞士] 索绪尔. 索绪尔第三次普通语言学教程 [M]. 上海：上海人民出版社，2007.

[2] 樊和平. 儒学与日本模式 [M]. 五南图书出版公司，1995.

[3] 陈俊森，樊葳葳，钟华. 跨文化交际与外语教学 [M]. 华中科技大学出版社，2006.

[4] 贾玉新. 跨文化交际学 [M]. 上海：上海外语教育出版社，1997.

[5] 何自然，冉永平. 语用学概论（修订本）[M]. 长沙：湖南教育出版社，2006.

[6] [日] 金田一春彦. 日语概说 [M]. 北京：北京大学出版社，2004.

[7] 金陵. 翻转课堂与微课程教学法 [M]. 北京：北京师范大学出版社，2015.

[8] 教育部. 九年义务教育课程标准 [M]. 北京：北京师范大学出版社，2001.

[9] [日] 高见泽孟. 日语教学法入门 [M]. 北京：外语教学与研究出版社，2009.

[10] 吴耘. 电影视听英语教程 [M]. 北京：北京大学出版社，2002.

[11] 张汉昌. 开放式课堂教学法研究 [M]. 开封：河南大学出版社，2000.

[12] 山田忠雄等. 新明解国語辞典（第五版）[Z]. 東京：三省堂，2005.

[13] 陈岩. 语法指导与实践 [M]. 大连：大连理工大学出版社，2010.

[14] 林璋. 汉日语言对比研究论丛 [M]. 北京：北京大学出版社，2013.

[15] 吴薇，泉田真里. 那些无法忘记的日剧 [M]. 大连：大连理工大学出版社，2009.

[16] 颜晓东，董博. 日语情景口语 [M]. 上海：世界图书出版公司，2009.

[17] 王忻. 新日语语法时体态语气 [M]. 北京：外文出版社，2001.

[18] 彭宣维. 功能语法导论 [M]. 北京：外语教学与研究出版社，2010.

[19] 鲍海昌. 日语表现 [M]. 北京：外语教学与研究出版社，1998.

[20] 真田信治. 日本社会语言学 [M]. 北京：中国书籍出版社，1996.

[21] 朱京伟. 日语词汇学教程 [M]. 北京：外语教学与研究出版社，2005.

[22] 刘元满. 汉字在日本的文化意义的研究 [M]. 北京：北京大学出版社，2003.

[23] 李福贵. 职场日语实训综合教程 [M]. 上海：复旦大学出版社，2012.

[24] 刘金才. 敬语 [M]. 北京：外语教学与研究出版社，1998.

[25] 陈望道. 修辞学发凡 [M]. 上海：复旦大学出版社，2008.